应用型本科汽车类专业系列教材

二手车鉴定与评估

主　编　林绪东　牛文学
副主编　杨瑞蔚　赖城贤　邓远锋　马亚勤
参　编　陈秋实　班　璐　邝田锋　韦　壹　滕小丽
　　　　杨禄强　陈维国　李晓冰　陈团昌

机械工业出版社
CHINA MACHINE PRESS

本书共包括八个项目，内容涵盖了二手车鉴定前的准备、二手车的静态技术鉴定、二手车动态技术鉴定、二手车价格评估、二手车的收购与销售等知识。全书重点是项目三静态技术鉴定，内容包含外观车漆、车身外观、车身结构件、车辆内饰、发动机舱、行李舱、底盘，项目四特殊二手车的鉴定，内容包括泡水车、调表车、精修车等的鉴定，特别加入了高端品牌精修事故车的鉴定。本书采用图解、视频演示的方式把鉴定过程中难以理解的鉴定步骤、鉴定方法进行展示，图文并茂、通俗易懂。

本书集理论性和实用性于一体，可作为应用型本科、职业本科汽车相关专业二手车鉴定评估的教材，也可作为二手车鉴定评估专业人员、二手车经纪人员的培训教材。

图书在版编目（CIP）数据

二手车鉴定与评估 / 林绪东，牛文学主编. -- 北京：机械工业出版社，2025.2. -- （应用型本科汽车类专业系列教材）. -- ISBN 978-7-111-78105-9

Ⅰ．U472.9；F766

中国国家版本馆CIP数据核字第202512ZP88号

机械工业出版社（北京市百万庄大街22号　邮政编码100037）
策划编辑：李崇康　　　　　责任编辑：李崇康　刘　煊
责任校对：郑　婕　李　杉　　封面设计：王　旭
责任印制：张　博
北京建宏印刷有限公司印刷
2025年6月第1版第1次印刷
184mm×260mm·14.5印张·287千字
标准书号：ISBN 978-7-111-78105-9
定价：69.00元

电话服务　　　　　　　　网络服务
客服电话：010-88361066　　机　工　官　网：www.cmpbook.com
　　　　　010-88379833　　机　工　官　博：weibo.com/cmp1952
　　　　　010-68326294　　金　书　网：www.golden-book.com
封底无防伪标均为盗版　机工教育服务网：www.cmpedu.com

前　言

随着中国经济的飞速发展和人民生活水平的不断提高，汽车已进入千家万户。中国汽车工业协会数据显示，2023 年，中国汽车产销分别完成 3016.1 万辆和 3009.4 万辆，同比分别增长 11.6% 和 12%。中国汽车产销总量已连续 15 年位居全球第一。公安部数据显示，2023 年，中国汽车保有量达 4.35 亿辆，按国际汽车消费的普遍规律，新车市场发展到一定程度后，二手车市场就开始放量。从近几年数据来看，中国二手车与新车年销量之比约为 1∶2，而美国等成熟汽车市场中，两者比例大约在 3∶1。假设中国二手车与新车销量比例能到达 2∶1，二手车平均价格以 6 万元计算，预测中国二手车市场会有近 3.6 万亿元以上的市场空间。

基于二手车庞大的市场及二手车鉴定评估人才需求，本书作者结合多年实践经验编写了本书，以供应用型本科及培训机构教学学习之用。本书内容主要分八个项目，分别为二手车鉴定评估基础知识、二手车鉴定评估概述、二手车静态技术鉴定、特殊二手车的鉴定、新能源二手车的鉴定、二手车动态技术鉴定、二手车价格评估和二手车交易。其中重点是二手车静态技术鉴定、特殊二手车的鉴定、新能源二手车的鉴定、二手车价格评估和二手车交易。二手车静态技术鉴定主要讲解事故车的鉴定，特殊二手车的鉴定主要讲解泡水车、调表车和精修车的鉴定，新能源二手车鉴定主要讲解纯电动汽车的鉴定，二手车价格评估主要讲解二手车价格评估的常见评估方法和实用评估方法。

本书以项目、任务的方式编排，对一些难以读懂、理解的二手车鉴定内容，采用大量图片进行讲解，图文并茂、通俗易懂。本书配有丰富的教学资源，包括教学大纲、学习课件、微课视频、评估案例等，并且案例可以不断更新，非常适合教学，利用手机，随时随地都可以学习，符合教育部"互联网+教育"的先进教育理念导向要求。本书还在每个项目中设置了特别提醒，融入了课程思政的元素，让学生在学习专业知识的同时素养也得到进一步升华。

本书由林绪东、牛文学任主编，杨瑞蔚、赖城贤、邓远锋、马亚勤任副主编，参编人

员还有陈秋实、班璐、邝田锋、韦壹、滕小丽、杨禄强、陈维国、李晓冰、陈团昌。

  在本书编写的过程中，除了所列参考文献，还参考了许多来自互联网的相关文章，在此对原作者表示衷心感谢。本书主编联系方式：13978143355。教学资源请扫公众号二维码获取。

编者

目 录

前言

项目一
二手车鉴定评估
基础知识

学习任务一　传统燃油汽车结构组成 ...001
　　一、汽车发动机 ...001
　　二、汽车底盘 ...003
　　三、汽车车身 ...005
　　四、电气设备 ...006

学习任务二　新能源汽车结构组成 ...007
　　一、动力电池系统 ...007
　　二、电机系统 ...008
　　三、底盘系统 ...008
　　四、智能座舱系统 ...008
　　五、自动驾驶系统 ...009
　　六、轻量化车身 ...010
　　七、整车控制系统 ...010

学习任务三　汽车技术参数和性能指标 ...011
　　一、汽车主要尺寸参数 ...011
　　二、汽车主要质量参数 ...013
　　三、汽车性能参数 ...013

学习任务四　事故车维修知识 ...018
　　一、机电维修 ...018
　　二、钣金维修 ...026
　　三、喷漆维修 ...039

学习任务五　车上重要信息的识别　...041
一、VIN 码的识别　...041
二、车上玻璃信息的识别　...043
三、轮胎信息的识别　...047
四、事故易损件生产日期的识别　...048

项目二　二手车鉴定评估概述

学习任务一　二手车鉴定评估的概念和原则　...051
一、二手车鉴定评估的相关概念　...051
二、二手车市场的发展及管理　...055
三、二手车评估的目的和任务　...056
四、二手车评估的依据和原则　...057

学习任务二　二手车鉴定评估机构和评估师　...058
一、二手车鉴定评估机构　...058
二、二手车鉴定评估师　...060

项目三　二手车静态技术鉴定

学习任务一　车辆外观车漆的检查　...064
一、漆面色差检查　...064
二、漆面顺滑性检查　...065
三、漆面砂纸打磨痕迹检查　...066
四、敲打法检查漆面　...066
五、外观件边沿、装饰条及橡胶密封件留漆检查　...067
六、漆面橘皮现象检查　...068
七、漆膜厚度检测仪检测车漆　...069
八、利用油箱盖进行辅助判断　...074
九、识别改色车　...075

学习任务二　车身外观检查　...077
一、整车方正的检查　...078
二、车身曲线的检查　...078

　　　　　　三、车身缝隙的检查 ...079

学习任务三　车身结构件的检查 ...082
　　　　　　一、前后纵梁的检查 ...083
　　　　　　二、A、B、C柱的检查 ...086

学习任务四　车辆内饰的检查 ...093
　　　　　　一、车门内饰板的检查 ...093
　　　　　　二、转向盘磨损情况的检查 ...094
　　　　　　三、主驾驶位座椅磨损的检查 ...095
　　　　　　四、安全带的检查 ...095
　　　　　　五、脚垫、地毯的检查 ...096
　　　　　　六、中控台仪表、音响、杂物箱的检查 ...096
　　　　　　七、后排座椅、车顶内饰的检查 ...098

学习任务五　发动机舱检查 ...098
　　　　　　一、发动机舱结构件的检查 ...099
　　　　　　二、发动机机械、电气元件的检查 ...104

学习任务六　行李舱的检查 ...107
　　　　　　一、行李舱盖的检查 ...107
　　　　　　二、后保险杠、后围的检查 ...108
　　　　　　三、行李舱底板的检查 ...109
　　　　　　四、行李舱框架的检查 ...109

学习任务七　底盘的检查 ...111
　　　　　　一、底盘损伤的检查 ...111
　　　　　　二、传动系统的检查 ...112
　　　　　　三、行驶系统的检查 ...113

项目四　特殊二手车的鉴定

学习任务一　泡水车的鉴定 ...116
　　　　　　一、鉴别泡水车的方法 ...116
　　　　　　二、检查内饰鉴别泡水车 ...116
　　　　　　三、检查发动机舱鉴别泡水车 ...120

四、检查行李舱鉴别泡水车　　...122
　　五、检查底盘鉴别泡水车　　...122

学习任务二　调表车的鉴定　　...123
　　一、通过 4S 店查询准确里程数判断是否为调表车　　...124
　　二、检查转向盘的磨损情况判断是否为调表车　　...124
　　三、检查主驾驶位座椅磨损情况判断是否为调表车　　...125
　　四、检查车门饰板的磨损情况判断是否为调表车　　...126
　　五、检查变速杆的磨损情况判断是否为调表车　　...127
　　六、检查离合器、制动、加速踏板的磨损情况判断
　　　　是否为调表车　　...127
　　七、检查制动片的磨损情况判断是否为调表车　　...129
　　八、检查轮胎的磨损情况判断是否为调表车　　...129
　　九、读取变速器行驶里程，判断是否为调表车　　...130
　　十、读取 ABS 行驶里程，判断是否为调表车　　...131
　　十一、调表车案例　　...131

学习任务三　精修车的鉴定　　...133
　　一、什么是精修车　　...133
　　二、检测精修车的工具与方法　　...135
　　三、精修车案例　　...137

项目五　新能源二手车的鉴定

学习任务一　新能源汽车的分类　　...139
　　一、纯电动汽车　　...139
　　二、插电式混合动力车　　...140
　　三、增程式混合动力车　　...140
　　四、氢能汽车　　...141

学习任务二　新能源汽车的鉴定与评估知识　　...141
　　一、新能源二手车鉴定评估作业流程　　...142
　　二、新能源二手车技术状况鉴定　　...147

学习任务三　新能源汽车鉴定实务 ...158
一、动力电池的检测 ...158
二、电控系统的检测 ...162
三、电机的检测 ...162

项目六　二手车动态技术鉴定

一、二手车动态技术鉴定要领 ...164
二、试车前机油检查 ...165
三、起动车辆时灯光和仪表的检查 ...167
四、发动机噪声检查 ...168
五、怠速和制动检查 ...168
六、变速器检查 ...169
七、跑偏情况的检查 ...170

项目七　二手车价格评估

学习任务一　二手车价值评估方法 ...172
一、现行市价法 ...172
二、收益现值法 ...175
三、重置成本法 ...178
四、清算价格法 ...187
五、成本折旧法 ...189
六、简单估算法 ...192

学习任务二　评估方法对比分析 ...193
一、价值评估的前提条件 ...193
二、重置成本法与收益现值法对比分析 ...194
三、重置成本法与现行市价法对比分析 ...195
四、收益现值法与现行市价法对比分析 ...195
五、清算价格法与现行市价法对比分析 ...196
六、成本折旧法和重置成本法对比分析 ...196
七、价值和价格的区别与联系 ...197

项目八
二手车交易

学习任务一　二手车收购 ...199
　一、二手车商的收车渠道 ...199
　二、哪些车不能收 ...200
　三、收车时手续的查验 ...200

学习任务二　二手车销售 ...202
　一、二手车拍照线上集客 ...202
　二、二手车门店销售 ...205
　三、二手车置换（4S店） ...205

学习任务三　二手车提档过户 ...207
　一、办理二手车过户的必要性 ...207
　二、交易流程 ...208
　三、二手车过户的基本流程 ...209

附录 ...211
附录A　新能源纯电动二手车鉴定评估作业表（示范文本） ...211
附录B　新能源纯电动二手车技术状况表（示范文本） ...219

参考文献 ...221

项目一
二手车鉴定评估基础知识

学习任务一　传统燃油汽车结构组成

汽车一般由发动机、底盘、车身和电气设备等四个基本部分组成（图1-1）。

图1-1　汽车的结构组成

一、汽车发动机

发动机是汽车的动力装置（图1-2）。汽油发动机由两大机构（图1-3）五大系统组成：曲柄连杆机构、配气机构；冷却系统、燃料供给系统、润滑系统、点火系统、起动系统。柴油机比汽油机少一个点火系统。

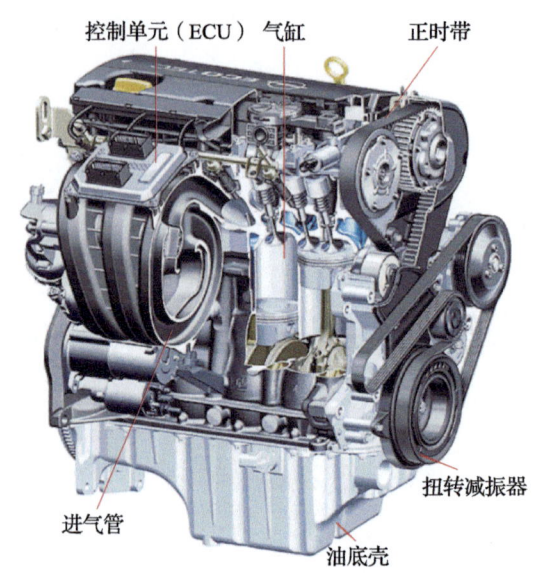

图 1-2　发动机总成

1）冷却系统：一般由水泵、散热器、风扇、节温器、膨胀水箱、冷却液温度表和水管组成。汽车发动机采用两种冷却方式，即空气冷却和冷却液冷却。一般汽车发动机多采用冷却液冷却。

2）润滑系统：发动机润滑系统由机油泵、机油集滤器、机油滤清器、油道、限压阀、机油表、感压塞及机油标尺等组成。

3）燃油供给系统：汽油机燃油系统包括汽油箱、汽油显示表、汽油管、汽油滤清器、汽油泵、喷油器等。

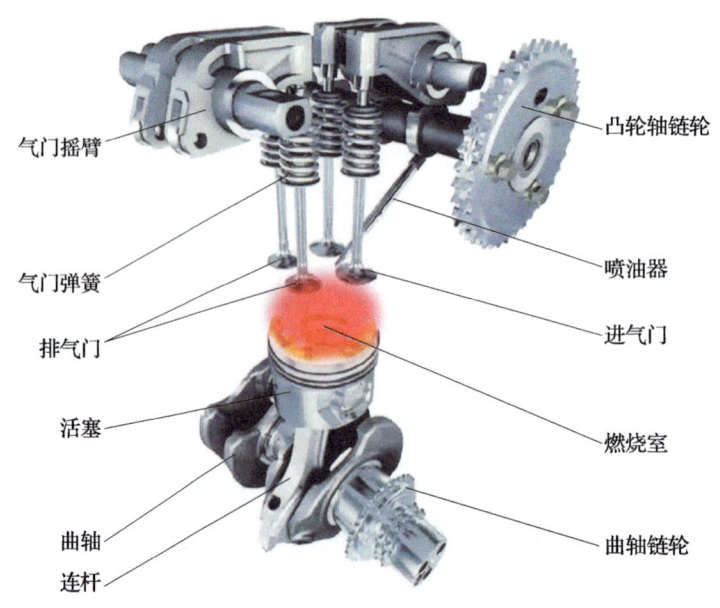

图 1-3　汽油发动机的两大机构

柴油机燃油系统包括高压油泵、燃油轨、喷油器和调速器等主要部件及柴油箱、输油泵、油水分离器、柴油滤清器、喷油器和高、低压油管等辅助装置。

4）**起动系统**：起动机、点火开关、蓄电池。

5）**点火系统**：火花塞、高压线、高压线圈、点火模块。

6）**曲柄连杆机构**：连杆、曲轴、轴瓦、飞轮、活塞、活塞环、活塞销、曲轴油封。

7）**配气机构**：气缸盖、气门室盖罩、凸轮轴、气门、进气歧管、排气歧管、空气过滤器、消声器、三元催化器、增压器、制冷器等。

二、汽车底盘

底盘的作用是支撑、安装汽车发动机及其各部件的总成，形成汽车的整体造型，并接受发动机的动力，使汽车产生运动，保证正常行驶。底盘由传动系统、行驶系统、转向系统和制动系统四部分组成，如图1-4所示。

图1-4 汽车底盘的结构组成

1）**传动系统**：汽车发动机所发出的动力靠传动系传递到驱动车轮。传动系统具有减速、变速、倒车、中断动力、轮间差速和轴间差速等功能，与发动机配合工作，能保证汽车在各种工况条件下的正常行驶，并具有良好的动力性和经济性。主要由离合器、变速器、万向节、传动轴和驱动桥等组成。

离合器：其作用是使发动机的动力与传动装置平稳地接合或暂时地分离，以便于驾驶人进行汽车的起步、停车和换档等操作。

手动变速器：由变速器壳、变速器盖、第一轴、第二轴、中间轴、倒档轴、齿轮、轴承和操纵机构等机件构成，用于汽车变速和变输出转矩。

自动变速器：是由液力变矩器和齿轮式自动变速器组合起来的。常见的组成部分有液力变矩器、行星齿轮机构、离合器、制动器、油泵、滤清器、管道、控制阀体、速度调压器等，按照这些部件的功能，可将它们分成液力变矩器、齿轮变速机构、供油系统、自动换档控制系统和换档操纵机构等五大部分。

2）**行驶系统**：由车架、车桥、悬架和车轮等部分组成。行驶系统的功用是：

①接受传动系统的动力，通过驱动轮与路面的作用产生牵引力，使汽车正常行驶。

②承受汽车的总重量和地面的反力。

③缓和不平路面对车身造成的冲击，衰减汽车行驶中的振动，保持行驶的平顺性。

④与转向系统配合，保证汽车操纵稳定。

3）转向系统：汽车上用来改变或恢复其行驶方向的专设机构称为汽车转向系统。转向系统的基本组成如下：

①转向操纵机构，主要由转向盘、转向轴和转向管柱等组成。

②转向器，将转向盘的转动变为转向摇臂的摆动或齿条轴的直线往复运动，并对转向操纵力进行放大的机构。转向器一般固定在汽车车架或车身上，转向操纵力通过转向器后一般还会改变传动方向。

③转向传动机构，将转向器输出的力和运动传给车轮（转向节），并使左右车轮按一定关系进行偏转的机构。

4）制动系统：汽车上用以使外界（主要是路面）在汽车某些部分（主要是车轮）上施加一定的力，从而对其进行一定程度的强制制动的一系列专门装置统称为制动系统。其作用是：使行驶中的汽车按照驾驶人的要求进行强制减速甚至停车；使已停驶的汽车在各种道路条件下（包括在坡道上）稳定驻车；使下坡行驶的汽车速度保持稳定。主要分为以下几类：

①按制动系统的作用，制动系统可分为行车制动系统、驻车制动系统、应急制动系统及辅助制动系统等。用以使行驶中的汽车降低速度甚至停车的制动系统，称为行车制动系统；用以使已停驶的汽车驻留原地不动的制动系统，则称为驻车制动系统；在行车制动系统失效的情况下，保证汽车仍能实现减速或停车的制动系统，称为应急制动系统；在行车过程中，辅助行车制动系统降低车速或保持车速稳定，但不能将车辆紧急停止的制动系统，称为辅助制动系统。上述各制动系统中，行车制动系统和驻车制动系统是每一辆汽车都必须具备的。

②按制动操纵的能源，制动系统可分为人力制动系统、动力制动系统和伺服制动系统等。以驾驶人的肌体作为唯一制动能源的制动系统称为人力制动系统；完全靠由发动机的动力转化而成的气压或液压形式的势能进行制动的系统称为动力制动系统；兼用人力和发动机动力进行制动的制动系统称为伺服制动系统或助力制动系统。

③按制动能量的传输方式，制动系统可分为机械式、液压式、气压式和电磁式等。同时采用两种以上传能方式的制动系称为组合式制动系统。

制动系统一般由制动操纵机构和制动器两个主要部分组成。

①制动操纵机构，产生制动动作、控制制动效果并将制动能量传输到制动器的各个部件以及制动轮缸和制动管路。

②制动器，产生阻碍车辆的运动或运动趋势的力（制动力）的部件。汽车上常用的制动器都是利用固定元件与旋转元件工作表面的摩擦而产生制动力矩，称为摩擦制动器。它有鼓式制动器和盘式制动器两种结构形式。

三、汽车车身

车身安装在底盘的车架上,用以驾驶人、旅客乘坐或装载货物。轿车、客车的车身一般是整体结构,货车车身一般由驾驶室和货箱两部分组成。按结构分为承载式(图1-5)和非承载式(图1-6)结构车身。

图1-5 承载式车身　　　　　　　　图1-6 非承载式车身

汽车车身结构主要包括:车身壳体(图1-7)、车身覆盖件(图1-8)、车身内外装饰件和车身附件、座椅,以及通风、暖气、冷气、空气调节装置等。在货车和专用汽车上还包括车厢和其他装备。

图1-7 汽车的车身壳体　　　　　　图1-8 汽车的车身覆盖件

1)**车身壳体**:是一切车身部件的安装基础,通常指由纵、横梁和支柱等主要承力元件以及与它们相连接的钣件共同组成的刚性空间结构。客车车身多数具有明显的骨架,而轿车车身和货车驾驶室则没有明显的骨架。车身壳体通常还包括在其上敷设的隔声、隔热、防振、防腐、密封等材料及涂层。

2)**车门**:通过铰链安装在车身壳体上,其结构较复杂,是保证车身使用性能的重要部件。这些钣金件形成了容纳发动机、车轮等部件的空间。

3)**车身外部装饰件**:主要是指装饰条、车轮装饰罩、标志和浮雕式文字等。散热器

面罩、保险杠、灯具以及后视镜等附件亦有明显的装饰性。

4）车内部装饰件：包括仪表板、顶篷、侧壁、座椅等表面覆饰物，以及窗帘和地毯。在轿车上广泛采用天然纤维或合成纤维的纺织品、人造革或多层复合材料、连皮泡沫塑料等表面覆饰材料；在客车上则大量采用纤维板、纸板、工程塑料板、铝板、花纹橡胶板以及复合装饰板等覆饰材料。

5）车身附件：门锁、门铰链、玻璃升降器、各种密封件、风窗刮水器、风窗洗涤器、遮阳板、后视镜、拉手、点烟器和烟灰盒等。在现代汽车上常常装有无线电收放音机和杆式天线，在有的汽车车身上还装有无线电话机、电视机或加热食品的微波炉和小型电冰箱等附属设备。

6）车身内部的通风、暖气、冷气以及空气调节装置：是维持车内正常环境、保证驾驶人和乘客安全舒适的重要装置。

7）座椅：也是车身内部的重要装置之一。座椅由骨架、座垫、靠背和调节机构等组成。座垫和靠背应具有一定的弹性。调节机构可使座位前后或上下移动，以及调节座垫和靠背的倾斜角度。某些座椅还有弹性悬架和减振器，可对其弹性悬架加以调节，以便在驾驶人不同的体重作用下仍能保证座垫离地板的高度适当。在某些货车驾驶室和客车车厢中还设置适应夜间长途行车需要的卧铺。

8）其他：为保证行车安全，在现代汽车上广泛采用对乘员施加约束的安全带、头枕、气囊以及汽车碰撞时防止乘员受伤的各种缓冲和包垫装置。按照运载货物的不同种类，货车车厢可以是普通栏板式结构，平台式结构，倾卸式结构，闭式车厢，气、液罐以及运输散粒货物（谷物、粉状物等）所采用的空气吹卸专用容罐，或者适于公路、铁路、水路、航空联运和国际联运的各种标准规格的集装箱。

四、电气设备

汽车电气设备由电源和用电设备两大部分组成。电源包括蓄电池和发电机；用电设备包括发动机的起动系、汽油机的点火系和其他用电装置。

1）蓄电池：蓄电池的作用是供给起动机用电，在发动机起动或低速运转时向发动机点火系统及其他用电设备供电。当发动机高速运转时发电机发电充足，蓄电池可以储存多余的电能。蓄电池上每个单电池都有正、负极柱。

2）起动机：其作用是将电能转变成机械能，带动曲轴旋转，起动发动机。起动机一般安装在发动机的后方，和飞轮配合，起动时带动飞轮，飞轮带动曲柄连杆机构。

3）用电设备：随着智能化汽车的普及，车上用电设备越来越多。比如音响、空调、电动座椅、电动车窗、智能座舱等。

学习任务二　新能源汽车结构组成

新能源汽车主要由动力电池系统、电驱动系统、整车控制器、充电系统、底盘系统、辅助系统、车身等组成（图1-9）。

其中电池系统、电机系统、电控系统是大三电核心部件，负责新能源汽车的动力来源和行驶控制。整车控制器是汽车的"大脑"，各系统的控制中心，对所有输入信息进行处理，包括电机控制系统运行状态在内的信息都要发送给整车控制器处理。整车控制器配合电源系统BMS进行发电反馈，使动力电池系统反向充电等。底盘系统负责车辆行驶、转向、制动功能，负责保障车辆正常行驶和安全（图1-10）。

图1-9　新能源汽车的结构组成 　　　　图1-10　新能源汽车结构详图

一、动力电池系统

新能源电动汽车其动力电池的成本占到整车成本的50%左右，因此电池的性能决定着整车的性价比。电动汽车的动力电池系统是一个集成的动力能量系统（图1-11），它通过CAN总线与整车控制系统、充电机、电机控制器等部件进行通信，并协同工作来完成车辆的正常行驶。

图1-11　新能源汽车的动力电池

二、电机系统

驱动电机系统是电动汽车三大核心系统之一（图1-12），是车辆行驶的主要驱动系统，其特性决定了车辆的主要性能指标，直接影响车辆动力性、经济性和用户驾乘感受。

驱动电机是新能源汽车的动力核心，既要实现驱动车辆行进的任务，同时在汽车制动或滑行时还要能发电，具有回收能量的功能。由于新能源汽车结构紧凑，速度、续驶要求大等特点，驱动电机设计的基本要求包括：宽调速范围、高密度轻量化、高效率、能量回收、高可靠性与安全性、成本能够持续降低。

图1-12 新能源汽车电机

三、底盘系统

由于新能源汽车改变以往燃油发动的方式，使用电力发动，因此，新能源汽车底盘技术有了新的改变。新能源汽车的底盘系统不仅关系到整个车辆的驾驶舒适性，而且包括了汽车的制动、转向等系统功能，影响到整个新能源汽车的驾驶性能。

新能源汽车底盘系统（图1-13）分为线控底盘和滑板底盘，目前主流的技术方向为线控底盘。线控底盘的核心技术分为线控制动技术、线控转向技术、线控悬架技术。

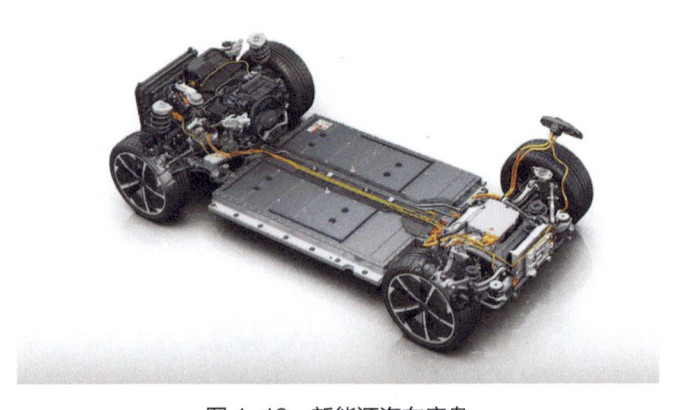

图1-13 新能源汽车底盘

四、智能座舱系统

汽车正在向智能化、电动化方向发展，伴随而来的，汽车驾驶舱也正在由单一的驾驶空间向智能座舱方向快速进化。智能座舱（图1-14）将逐渐成为一个可以与用户互联互动的强大的数字智能系统。主要技术方向分为软件和硬件。

软件方面：包括操作系统、基础软件、虚拟化技术、人工智能（用户画像、情景感知、多模态融合交互等）、应用开发（Android 为主）、仪表软件开发（QNX 为主）、TBOX 软件开发（Linux）、云服务（大数据、信息安全等）、协议栈。

图 1-14　智能座舱系统

硬件方面：包括显示硬件（屏幕、HUD 等）、交互设备、摄像头、射频、通信单元/网关、座舱域控制器、芯片等。

五、自动驾驶系统

自动驾驶系统通过车载传感系统感知道路环境，并根据感知所获得的道路、车辆位置和障碍物信息，控制车辆的转向和速度，从而使车辆能够安全、可靠地在道路上行驶并到达预定地点（图 1-15）。全部或部分驾驶行为由汽车自行处理的系统叫自动驾驶系统。

图 1-15　自动驾驶系统

自动驾驶本身由三部分构成，感知、分析及执行三个板块。

第一个板块为感知板块，它通过传感器（激光雷达、摄像头、毫米波雷达等）采集汽车行驶中"看到"的数据。

第二个板块为分析板块，它处理传感器采集回的复杂数据，并制定相应控制策略。在这个领域，美国英伟达和中国阿里云计算都已在此深耕数年。相当于人类的大脑。

第三个板块为执行板块，通过前两个板块收集+分析判断，汽车开始执行具体方

式,如减速、转向、提醒车主、机车互动等。

六、轻量化车身

与传统燃油车相比,纯电动车在取消发动机及部分附件的同时,增加了"三电系统",按行业统计数据,其质量较传统车一般增加 15%~40%。因其质量明显增加,对车辆电耗、续驶里程、动力性、制动性、被动安全、车辆可靠和耐久均带来不利影响,而轻量化则是消除这些影响的重要应对手段(图 1-16)。

图 1-16 典型的轻量化车身

七、整车控制系统

整车控制系统通过采集驾驶信号判断操纵者的意愿,根据车辆实时行驶情况、动力电池以及驱动电机的工作状态合理分配动力,使车辆运行在最佳状态。电动汽车以整车控制器(图 1-17)为主节点,通过 CAN 总线对电动汽车动力链的各个环节进行管理、协调和监控,以此实现整车的驱动控制、能量优化控制、制动回馈控制以及网络管理等功能。

图 1-17 整车控制器

> **特别提醒**：2024 年 4 月，中国新能源汽车的零售渗透率超过 50%，已经超过了燃油车的份额，新能源汽车正在加速淘汰传统燃油汽车，中国新能源汽车在引领着世界新能源汽车。作为二手车从业者，不能固守传统的观念，一定要转变观念，学习新能源汽车知识，为新的赛道做好准备，为推动中国新能源汽车产业的高质量发展做出贡献。

学习任务三　汽车技术参数和性能指标

汽车的技术参数主要包括尺寸参数和质量参数。汽车的性能指标主要包括汽车的动力性、燃油经济性、最小转弯直径、通过性、操纵稳定性、制动性和舒适性等基本指标。

一、汽车主要尺寸参数

1. 外廓尺寸

汽车的外廓尺寸是指汽车的长、宽、高（图 1-18）。汽车的外廓尺寸根据汽车的用途、道路条件、吨位（或载客数）、外形设计、公路限制和结构布置等众多因素确定。在汽车总体设计中，一般力求减少汽车的外廓尺寸，以减轻汽车的自重，提高汽车的动力性、经济性和机动性。

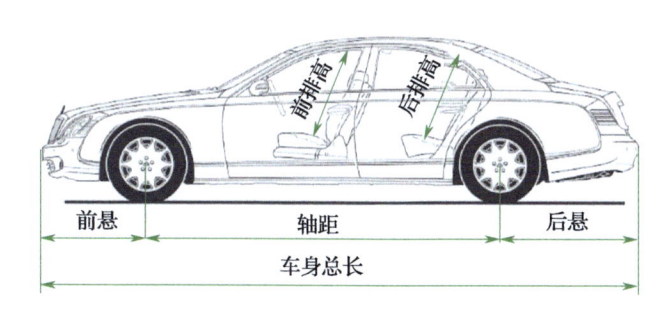

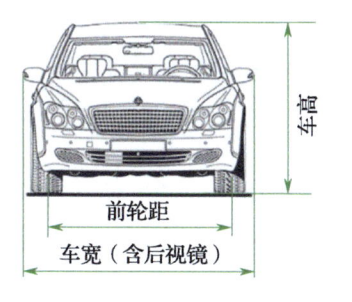

图 1-18　汽车外廓尺寸

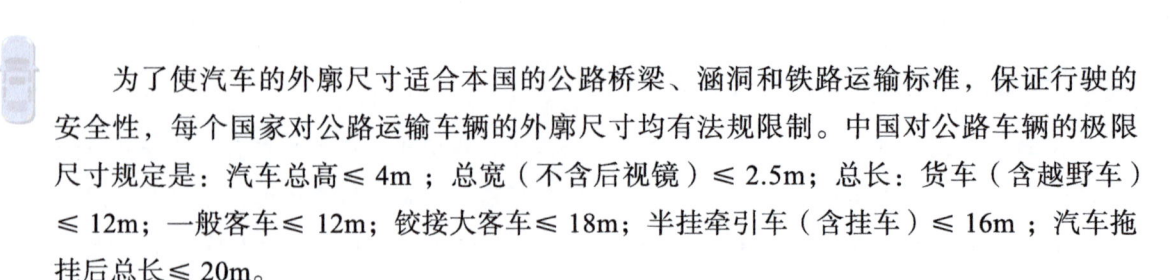

为了使汽车的外廓尺寸适合本国的公路桥梁、涵洞和铁路运输标准，保证行驶的安全性，每个国家对公路运输车辆的外廓尺寸均有法规限制。中国对公路车辆的极限尺寸规定是：汽车总高≤4m；总宽（不含后视镜）≤2.5m；总长：货车（含越野车）≤12m；一般客车≤12m；铰接大客车≤18m；半挂牵引车（含挂车）≤16m；汽车拖挂后总长≤20m。

2. 轴距

轴距（L）是汽车轴与轴之间距离的参数，通过汽车前后车轮中心来测量。轴距的长短直接影响汽车的长度、重量和使用性能，还对轴荷分配、传动轴夹角有影响。轴距短，汽车长度相对就短，自重相对就轻，最小转弯直径和纵向通过角就小。但轴距过短，也会带来由于车厢长度不足或后悬过长，使汽车行驶时纵摆和横摆较大，以及在制动或上坡时重量转移较大，使汽车的操纵性和稳定性变坏等问题。

3. 轮距

轮距（B）是同一轴上车轮接地点中心之间的距离。如果是双胎汽车，则是指两双胎接地点连线中点之间的距离。轮距对汽车的总宽、总重、横向稳定性和机动性影响较大。改变汽车轮距会使车厢或驾驶室内宽、汽车总宽、总质量、侧倾刚度、最小转弯直径等一系列指标发生变化。轮距愈大，横向稳定性愈好，对增加轿车车厢内宽也有利。但轮距过宽，汽车的总宽和总重会相应加大，容易产生向车身侧面甩泥的缺点，还会影响汽车的安全性。因此，轮距应与车身宽度相适应。

4. 前悬和后悬

前悬（LF）是指汽车最前端至前轴中心之间的水平距离。前悬尺寸对汽车通过性、碰撞安全性、驾驶人视野、前钢板弹簧长度、上下车方便性、汽车造型等均有影响。前悬的长度应足以固定和安装驾驶室前支点、发动机、散热器、转向机、弹簧前托架和保险杠等零件和部件。前悬过长会使汽车的接近角过小。

后悬（LR）是指汽车最后端至后桥中心之间的水平距离，后悬尺寸对汽车通过性、汽车追尾时的安全性、货厢长度或行李舱长度、汽车造型等均有影响。后悬的长度主要决定于货厢长度、轴距和轴荷分配情况，同时要保证适当的离去角。

5. 转弯半径

汽车转弯半径（R）是指汽车转弯时，由转向中心到外侧转向轮与地面支撑平面中心点的距离。转弯半径越小，汽车的机动性能越好，汽车转弯时所需要的场地面积也越小。一般来讲，汽车转向轮左、右的极限转角不相等，所以汽车向左或向右的最小转弯半径不相等。

二、汽车主要质量参数

1. 汽车的整备质量

汽车的整备质量是指汽车按出厂技术条件装备完整（如备胎、工具等安装齐备），各种油、水添满后的重量。

2. 汽车总质量

汽车总质量是指汽车装备齐全，并按规定装满客（包括驾驶人）、货时的重量。

轿车的总质量＝整备质量＋驾驶人及乘员质量＋行李质量。

客车的总质量＝整备质量＋驾驶人及乘员质量＋行李质量＋附件质量。

货车的总质量＝整备质量＋驾驶人及助手质量＋行李质量。

3. 汽车的载质量（载客量）

汽车的载质量，是汽车的总质量与汽车整备质量之差。它表示汽车可能载人、载物的总质量，也就是汽车的有效装载能力。汽车的载质量关系到汽车的运输效率、运输成本、使用方便性、产品系列化和生产装备等诸多方面。

4. 汽车自重利用系数

汽车自重利用系数对载货车是一个重要的评价指标。它是指汽车载质量与汽车干重之比。所谓汽车干重，是指汽车无冷却液、燃油、机油、备胎及工具和附件时的空车重量。载质量相同的情况下，干重越小，汽车的质量利用系数也越高，其运输效率也越高。

5. 汽车的轴荷分配

汽车的轴荷分配是指汽车的质量在前轴、后轴上所占的比例。一般依据轮胎均匀磨损，汽车主要性能的需要，以及汽车的布置形式来确定的轴荷分配。为了使轮胎均匀磨损，一般希望满载时每个轮胎的负荷大致相等，事实上只能近似满足要求。

三、汽车性能参数

1. 汽车的动力性

汽车动力性主要由三个指标来衡量，即最高车速、爬坡能力、加速性能等。最高车速是指车辆满载时，在良好的水平路面上所能达到的最高行驶速度。爬坡能力是指车辆在满载无拖挂，并在良好路面条件下，车辆节气门全开，以最低档前进所能爬行的最大坡度。汽车的加速性能是指汽车速度在单位时间内的增加能力，一是指汽车由静止状态加速到一定速度的能力；二是指汽车在一定档位由匀速状态加速至最快速度的能力。汽

车生产厂商通常会提供 0～100 km/h 的加速时间测试数据作为汽车加速性能的权威数据。

2. 汽车的燃料经济性

汽车的燃料经济性是指在保证动力性的条件下，汽车以尽量少的燃油消耗量经济行驶的能力。汽车的燃油消耗量越小，则它的燃油经济性越好。汽车燃料经济性的评价指标一般可以从单位行驶里程的燃油消耗量、单位运输工作量的燃油消耗量和消耗单位燃油所行驶的里程三个方面加以考察。耗油是汽车经济性的重要指标，厂家公布的耗油量参数是指汽车行驶百公里消耗的燃油量（以 L 为计量单位）。在中国这些指标是汽车制造厂根据国家规定的试验标准，通过样车测试得出来的。它包括等速百公里油耗和循环油耗，并不是消费者在使用情况下的实际油耗。

为了使消费者更加便利地了解所购车型的实际油耗，工信部规定从 2010 年 1 月 1 日起，汽车企业必须在车辆出厂前即在车身上粘贴实际油耗标识，说明国产车和进口车在市区、市郊、综合三种工况下的实际油耗数据，让消费者对所购买车辆的油耗情况一目了然。

3. 汽车的制动性

汽车制动是人为地增加汽车行驶阻力，消耗汽车本身的动能，强制性地降低汽车速度实现停车。汽车的制动性能不仅是指汽车强制减速至停车的能力，而且包括制动时不跑偏的能力。只有当汽车具有良好的制动性能时，才能在保证安全的条件下提高汽车速度，充分发挥汽车的动力性能，提高汽车平均技术速度，获得较高的运输生产率。

4. 汽车的操纵稳定性

汽车的操纵稳定性是指驾驶人在常态情况下，汽车抵抗各种外界干扰，并保持稳定行驶的能力。汽车的操纵稳定性包括操纵性和稳定性两部分。操纵性是指汽车能够确切响应驾驶人转向指令的能力；稳定性是指汽车在行驶中能抵抗外界干扰并保持稳定行驶的能力。

5. 汽车的行驶平顺性

汽车行驶平顺性是指汽车以正常行驶时能保证乘坐者不致因车身振动而引起不舒适和疲乏感觉以及保持运载物完整无损的性能。汽车行驶平顺性不仅影响驾驶人、乘员的疲劳强度、舒适性及货物的安全可靠的运输，而且还影响汽车的使用性能。

6. 汽车的通过性

汽车的通过性也称汽车的越野性，是指汽车在一定装载质量下能以足够高的平均车速通过各种复杂路面、无路地带和各种障碍的能力。一般用离去角、接近角、纵向通过角（图1-19）、最大爬坡度、最大侧倾角、最小离地间隙、最大涉水深度衡量汽车的通过性。

图 1-19 汽车通过性参数

7. 汽车的噪声与排放

汽车噪声干扰环境并影响人们的身心健康，国家对此有严格标准。国标 GB 7258—2022《机动车运行安全技术条件》要求：客车的车内噪声级应不大于 82dB（A），汽车驾驶人耳旁噪声级应不大于 90dB（A）。

燃油不完全燃烧和燃烧反应中会产生一定量的有害气体。汽油机的主要排放物为一氧化碳（CO）、碳氢化合物（HC）、氮氧化合物（NO_x）、铅化合物（燃用含铅汽油）；柴油机则以碳烟、油雾、二氧化硫（SO_2）、臭气（甲醛、丙烯醛）为主。这些排放物大部分具有毒性，或有强烈的刺激性臭味，有时还有致癌作用，污染环境，有害于人类健康。为此 GB7258—2022 同时提出"为了加强对机动车排气污染物的排放控制，应使用所引用机动车排放标准的最新版本"，以控制汽车有害物质的排放。

8. 动力电池的主要性能指标

（1）电压

①电动势：电池正极和负极之间的电位差，通常用符号 E 表示。

②开路电压：电池在开路时的端电压，一般开路电压与电池的电动势近似相等。

③额定电压：电池在标准规定条件下工作时应达到的电压。

④工作电压（负载电压、放电电压）：在电池两端接上负载后，在放电过程中显示出的电压。

⑤终止电压：电池在一定标准所规定的放电条件下放电时，电池的电压将逐渐降低，当电池不宜继续放电时，电池的最低工作电压称为终止电压。

放电条件也称为放电制度，即电池放电时规定的各种条件，主要包括放电电流、终止电压和温度等。放电曲线是指在一定的放电条件下连续放电时，电池的工作电压随时

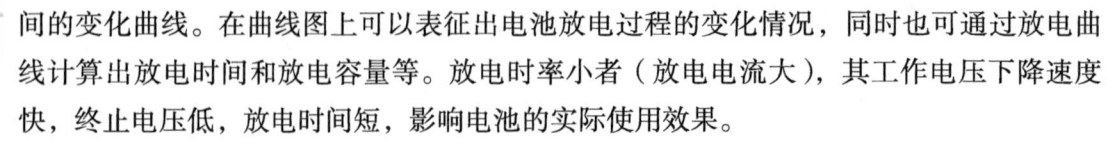

间的变化曲线。在曲线图上可以表征出电池放电过程的变化情况，同时也可通过放电曲线计算出放电时间和放电容量等。放电时率小者（放电电流大），其工作电压下降速度快，终止电压低，放电时间短，影响电池的实际使用效果。

工作电压下降速度慢，往往能输出较多的能量。工作电压的变化速度有时也称作"放电曲线的平稳度"。

（2）电池容量

电池在一定放电条件下所能放出的电量称为电池容量，以 C 表示，其单位常用 A·h 或 mA·h 来表示。电池的容量参数有以下几种。

①理论容量：根据蓄电池活性物质的特性，按法拉第定律计算出的最高理论值，一般用质量容量 A·h/kg 或体积容量 A·h/L 来表示。

②实际容量：在一定条件下所能输出的电量，等于放电电流与放电时间的乘积。

③标称容量（公称容量）：用来鉴别电池容量的适当的近似值，由于没有指定放电条件，因此，只标明电池的容量范围而没有确切值。

④额定容量（保证容量）：按一定标准所规定的放电条件，电池应该放出的最低限度的容量。

⑤荷电状态（SOC）：是指电池容量的变化情况，是电池在一定放电条件下，剩余电量与相同条件下额定容量的比值。

SOC=1 即表示电池为充满状态。随着蓄电池放电，蓄电池的电荷逐渐减少，此时可以用 SOC 的百分数的相对量来表示蓄电池中电荷的变化状态。一般蓄电池放电高效率区为（50%~80%）SOC。对 SOC 精确地实时辨识，是电池管理系统的一个关键技术。

⑥放电深度（DOD）：放电容量与额定容量的百分比，与 SOC 之间存在如下关系：DOD=1-SOC。

放电深度的高低对蓄电池的使用寿命有很大影响，一般情况下，蓄电池常用的放电深度越深，其使用寿命就越短，因此在蓄电池使用过程中应尽量避免蓄电池深度放电。

（3）功率

在一定的放电条件下，电池在单位时间内所输出的能量称为电池的功率（单位：W、kW）。电池的功率决定电动汽车的加速性能。

电池的功率常用比功率和功率密度来表示。

①比功率（W/kg）：指单位质量电池所能发出的电功率。

②功率密度（W/L）：指单位体积电池所能发出的电功率。

（4）能量

电池在一定放电条件下所能释放出的能量称为电池的能量（单位：W·h、kW·h）。电池的能量决定电动汽车的行驶距离。蓄电池能量具体有以下指标。

①标称能量：在标准规定放电条件下，电池能够输出的能量。电池的标称能量是电池的额定容量与额定电压的乘积。

②实际能量：在一定条件下电池所能输出的能量。电池的实际能量是电池的实际容量与平均工作电压的乘积。

③比能量（W·h/kg）：指单位质量电池所能输出的能量。电池的质量包括电池本身结构件质量和电解质质量的总和。

④能量密度（W·h/L）：指单位体积电池所能输出的能量。

动力电池在电动汽车的应用过程中，由于电池组安装需要配备电池箱、连接线、电流电压保护装置等元器件，因此，实际的电池组比能量比单体电池比能量低20%以上。

（5）内阻

电流通过电池内部时受到阻力，使电池的电压降低，此阻力称为电池的内阻。由于电池的内阻作用，使得电池在放电时端电压低于电动势和开路电压。充电时的端电压高于电动势和开路电压。

（6）寿命

蓄电池的工作是一个不断充电→放电的循环过程。按一定的标准规定放电，当电池的容量降低到某一个规定值以前，就要停止继续放电，然后就需要充电才能继续使用。在每一个循环中，电池中的化学活性物质，要发生次可逆的化学反应。随着充电和放电次数的增加，电池中的化学活性物质会发生老化变质，逐渐削弱其化学功能，使得电池的充电和放电的效率逐渐降低，最后电池丧失全部功能而报废。

电池的寿命即从开始使用到报废所经历的时间，常用循环次数和使用年限来表示。

①循环次数：从蓄电池开始第一次充电到报废时所经历的充/放电次数称为循环次数，也称为循环寿命。蓄电池的循环次数与电池的充电和放电的形式、电池的温度和放电深度有关，放电深度浅时，有利于延长电池的寿命。

特别是电池在电动汽车上的使用环境，包括电池组中各个电池的均衡性、安装方式、固定方式、所受的振动和线路的安装等，都会影响电池的工作循环次数。

②使用年限：从蓄电池开始使用到报废所经历的年数。

（7）放电率（放电速率）

电池放电的快慢称为放电率。放电率有时率和倍率两种表示方法。

①时率（也称小时率）：电池以某种电流强度放电直到电池的电压降低到终止电压时，所经过的放电时间。

②倍率：电池以某种强度放电时的电流值与额定容量电流值的比值（倍数）。

当放电电流大于或等于额定容量电流值时，该放电电流值用倍率表示；若放电电流

小于额定容量电流值时，该放电电流值用时率表示。蓄电池的额定容量常用"C"来表示，放电率用在 C 前加系数表示。例如：2 倍率，即 2C，其放电电流值为额定容量电流值的两倍，额定容量约半小时放完；2 小时率，即 0.5C，其放电电流值为额定容量电流值的 1/2，而额定容量约 2h 放完电。

（8）自放电率

自放电率指电池在存放时间内，在没有负载的条件下自身放电，使得电池容量损失的速度。自放电率用单位时间（月或年）内电池容量下降的百分数来表示。

（9）成本

电池的成本与电池的技术含量、材料、制作方法和生产规模有关，目前新开发的高比能量的电池成本较高，使得电动汽车的造价也较高，开发和研制高效、低成本的电池是电动汽车发展的关键。

除上述主要性能指标外，还要求电池无毒性，对周围环境不会造成污染或腐蚀，使用安全，有良好的充电性能和充电操作方便，耐振动，无记忆性，对环境温度变化不敏感，易于调整和维护等。

> **说明：** 电池记忆效应是指电池长期不彻底充电、放电，易在电池内留下痕迹，即电池对日常的充、放电幅度形成记忆，时间久了就很难改变这种模式，不能再做大幅度充电或放电，从而使电池的容量降低的现象。

> **❗特别提醒：** 汽车的性能参数是汽车的重要指标，性能参数一定要准确，在经营活动中，千万不要为销售业绩夸大汽车的各方面性能指标，更不能数据造假，一定要做到诚信经营。

学习任务四　事故车维修知识

事故车辆维修按 4S 店的维修工种一般分为机电维修、钣金维修和喷漆维修。机电工种主要负责机械、电器的维修，钣金工种主要负责事故整形，喷漆工种主要负责车辆的美容。

一、机电维修

事故车的机电维修一般涉及事故损坏的机械、电器部分或是妨碍到钣金维修需要拆装的机械部件部分。

1. 前部碰撞的机电维修

（1）空调冷凝器更换和加注制冷剂

空调冷凝器安装在车辆前部保险杠的后面，车辆前部碰撞时容易损坏空调冷凝器（图1-20），事故维修时涉及空调冷凝器的维修或更换、空调制冷剂检漏和加注（图1-21）。图1-20、图1-21所示事故车辆，需要更换空调冷凝器、管路、干燥瓶，事故修复后还要进行空调管路抽真空加注制冷剂。

图 1-20　事故损坏空调冷凝器 　　　　图 1-21　空调制冷剂加注

空调压缩机一般安装在发动机的前部（图1-22），前部碰撞比较严重时会损坏空调压缩机（图1-23），压缩机需要维修或更换，更换压缩机后需要进行管路抽真空加注制冷剂。

图 1-22　空调压缩机的安装位置 　　　　图 1-23　更换下来的空调压缩机

（2）发动机散热器的更换

发动机散热器安装在散热支架上，空调冷凝器的后面，前部碰撞时，容易损坏到散

热器（图 1-24），散热器受损后会引起冷却液渗漏，损伤不大的可以进行焊接修复，严重的必须更换，更换散热器后要边加注冷却液边对管路放空气。

（3）前照灯电路维修或更换

碰撞事故一般会造成前照灯透明车灯玻璃外观（图 1-25）和灯壳受损。透明车灯玻璃外观轻微划痕（图 1-26）可以通过抛光打磨修复，如果较为严重则需要更换新的总成。灯壳的材料都是塑料的，有裂纹（图 1-27）时需要更换。如果灯光线束受损，严重的需要更换线束，轻微的可以通过接线修复。

图 1-24　事故损坏的发动机散热器

图 1-25　事故损坏前照灯玻璃

图 1-26　事故造成前照灯玻璃划痕

图 1-27　事故损坏前照灯灯壳

（4）发动机维修或吊装

车辆前部或侧面碰撞严重时会损坏车身纵梁，甚至发动机缸体，更换发动机缸体时需要吊装发动机，钣金维修纵梁时也需要吊装发动机。轿车吊装发动机时，需要把发动机外围的附件拆卸。大部分的轿车发动机是从车辆的底部吊装，小部分轿车的发动机可以从上部吊装（图 1-28）。

图 1-29 所示为一辆事故造成左前部受损需要钣金纵梁的轿车，车辆的左前纵梁受到撞击变形需要钣金校正修复，在维修纵梁时必须吊装发动机才能进行维修。

图 1-28 发动机吊装

图 1-29 钣金维修前纵梁吊装发动机

图 1-29　钣金维修前纵梁吊装发动机（续）

吊装发动机是一项比较大的维修操作，需要专用吊装设备和团队协作才能完成，单人是无法操作的。吊装时一定要严格按操作规程进行，做好安全保护。发动机重量大，在吊装过程中一旦坠落后果不堪设想。

吊装下来的发动机要检查外观有无损伤，附件有无损坏或缺失。发动机缸体损坏的要更换缸体，相当于发动机进行了大修作业。

（5）发动机电控系统维修

发动机外围安装有曲轴位置传感器（图1-30）、凸轮轴位置传感器、氧传感器、空气流量传感器、节气门位置传感器、点火器、喷油器等电控系统的传感器和执行器。碰撞受损后需要更换，更换需要用专用故障诊断仪进行参数修正或清除故障码。

（6）前悬架维修

正面碰撞或侧面碰撞会损坏到悬架，需要对悬架进行维修。在维修安装好悬架后必须做四轮定位，否则无法保证车轮的定位参数正确，会造成车辆转向沉重、行驶跑偏、转向不回位、轮胎偏磨等。

图1-31所示为一辆骐达轿车高速过路上的坑时造成悬架下摆臂脱落的故障，需要更换下摆臂（图1-32）和转向横拉杆，在更换悬架损坏的元件后必须做四轮定位（图1-33）。

图 1-30　曲轴位置传感器安装位置　　　　图 1-31　悬架受损的轿车

图 1-32　更换前悬架下摆臂

2. 驾驶舱损坏的机电维修

（1）仪表板维修或更换

前部严重碰撞伤及防火板或侧面碰撞造成 A 柱变形较大时，仪表板也会受到挤压损坏，在钣金维修防火板和 A 柱时需要拆装仪表板，仪表板受到挤压损坏时也需要拆装仪表板。

在拆装仪表板时要特别注意使用塑料拆装专用工具，以免使损坏进一步扩大。在安装时一定要严格遵守工艺，否则会造成异响（图 1-34）。

图 1-33　维修悬架后车辆做四轮定位

图 1-34　仪表板的拆装

（2）空调蒸发器、鼓风机维修或更换

轿车的空调蒸发器一般安装在仪表板的右边，鼓风机安装在仪表板中间（图1-35），侧面碰撞严重时，会损坏空调蒸发器，需要维修或更换，维修或更换后还需要进行制冷剂加注。

图1-35 空调蒸发器安装的位置

（3）安全气囊、安全气帘更换

正面、侧面严重碰撞时安全气囊、安全气帘会爆炸弹出，安全气囊弹出后安全气囊、安全气囊控制模块、线路、安全带必须全套更换（图1-36）。安全气囊更换后还要用专用的故障诊断仪消除相关故障码。

图1-36 更换安全气囊

项目一　二手车鉴定评估基础知识

（4）座椅维修或更换

碰撞损坏座椅、泡水损坏座椅或车辆底部受撞击损坏需要维修时，需要拆装座椅进行维修或更换（图1-37）。

图1-37　车辆泡水后拆下座椅

（5）音响维修或更换

音响安装在仪表板的中间位置，事故造成音响主机损坏的概率不大，如果事故造成音响损坏，撞击肯定非常严重，车辆基本报废了，音响也无须维修。音响的维修一般是车门或后部扬声器的更换。

3. 后部碰撞的机电维修

（1）后组合灯电路维修或更换

碰撞事故一般会造成后组合灯透明车灯玻璃外观和灯壳受损，后组合透明车灯玻璃没有前照灯的强度高，受到碰撞一般会开裂或破碎（图1-38），需要更换新的总成。灯壳的材料都是塑料件的，有裂纹时必须更换。

图1-38　事故造成后组合灯损坏

（2）后悬架维修

后部碰撞或侧面碰撞损坏到后悬架时，需要对悬架进行维修。在维修安装好悬架后必须做四轮定位，否则无法保证车轮的定位参数正确，造成车辆转向沉重、行驶跑偏、转向不回位、轮胎偏磨等。后悬架维修时除了和前悬架一样检查减振器、摆臂外，还要特别检查非独立悬架的扭力梁（图1-39），扭力梁受损变形必须更换（图1-40）。

配备扭力梁的后悬架，一旦扭力梁变形必须更换，因为扭力梁悬架属于非独立悬架，扭力梁变形后，后轮的定位参数是无法通过四轮定位进行调整的。

025

图 1-39　非独立悬架的扭力梁（扭力梁）

图 1-40　更换后悬架扭力梁（变形的扭力梁；扭力梁变形后会造成轮胎异常磨损）

（3）油箱的拆装

轿车的油箱一般安装在车辆后排座椅的下面，在车辆托底造成油箱损坏或钣金维修行李舱底部、后翼子板内骨时需要拆装油箱，如图 1-41 所示。

二、钣金维修

1. 前部碰撞的维修

前部撞击轻微的会伤及保险杠、前照灯，比较严重的可能会伤及冷凝器、散热器框架、散热器、冷却风扇、发动机舱盖，严重的可能会伤及发动机、前纵梁、前翼子板、前翼子板内骨、减振器座、防火板等（图 1-42）。

（1）前保险杠的维修或更换

轿车的保险杠大部分由塑料做成，如果只是变形，且变形不大，可以用加热的方法恢复原状（图 1-43）；如果有裂纹，裂纹不大可以用塑料焊接进行修复（图 1-44）；如果变形较大或破损严重，则需要更换。

图 1-41　轿车油箱的拆装

图 1-42　车辆前部碰撞

图 1-43　用加热法维修保险杠（一边加热一边用手感觉加热的温度）

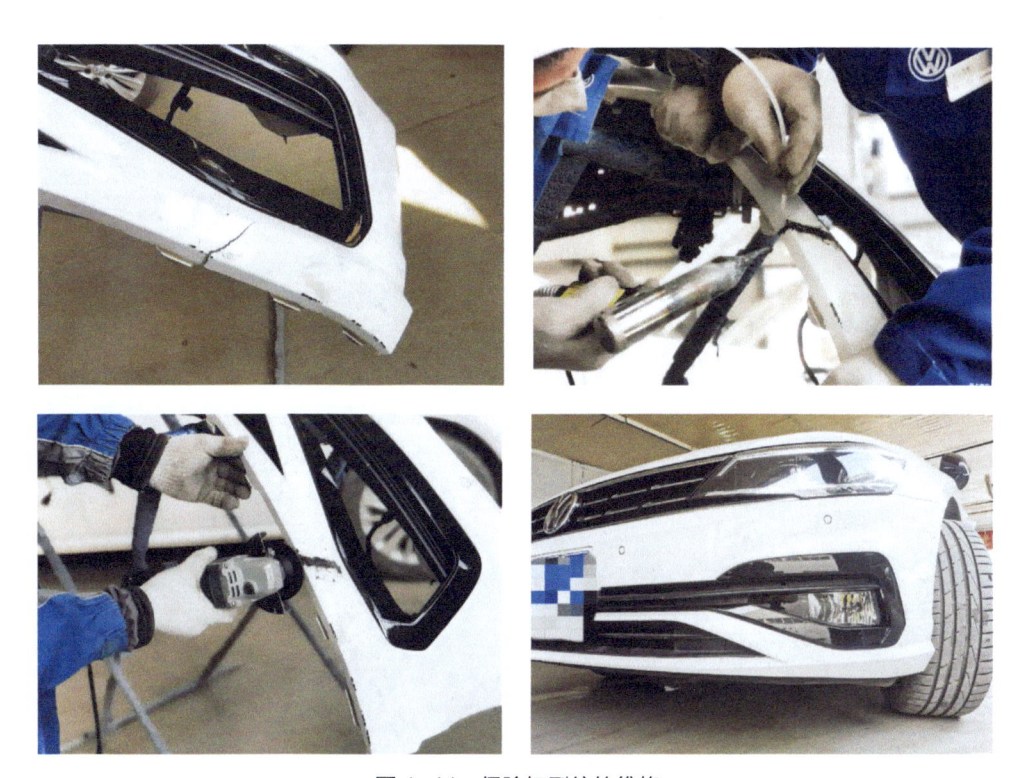

图 1-44　保险杠裂纹的维修

(2) 前防撞梁、散热器框架的维修或更换

前防撞梁、散热器框架（俗称龙门架）安装在前保险杠的后面。散热器框架是安装空调冷凝器、发动机散热器的支架。前部比较严重的撞击时会伤及前防撞梁、散热器框架，变形不严重的进行钣金维修，变形严重的需要更换。

图 1-45 所示为一辆前部受损比较严重的本田轿车，保险杠破碎、前防撞梁、散热器框架、发动机舱盖严重变形，需要更换。

图 1-45　前防撞梁、散热器框架的更换

散热器框架变形严重

更换散热器框架

图 1-45　前防撞梁、散热器框架的更换（续）

（3）发动机舱盖的维修或更换

发动机舱盖安装在发动机舱上部。轿车前部受比较严重的撞击后都会伤及发动机舱盖，发动机舱盖变形不严重时可以进行钣金整形修复（图 1-46），变形严重的必须更换（图 1-47）。

图 1-46　发动机舱盖可修复变形

大部分轿车的发动机舱盖材料是钢制钣金件，高端轿车往往使用铝合金材料。钢制钣金件维修难度比铝合金材料小，图 1-46 所示的奔驰轿车的发动机舱盖为铝合金材料，变形不大是可以进行修复的，无须更换。

（4）前纵梁的维修或更换

前纵梁是发动机的支座，也是前轮定位的重要保证。前部或侧面撞击严重时会伤及前纵梁，纵梁变形不大时通过钣金进行校正、修复（图1-48），变形较大时则需要更换。纵梁是和车身焊为一体的，更换时需要校正、切割、焊接，工艺比较复杂，维修难度大（图1-49）。纵梁维修过的车辆都会被定义为事故车，做第三方鉴定时是通不过的，在检测报告中会注明为事故车。

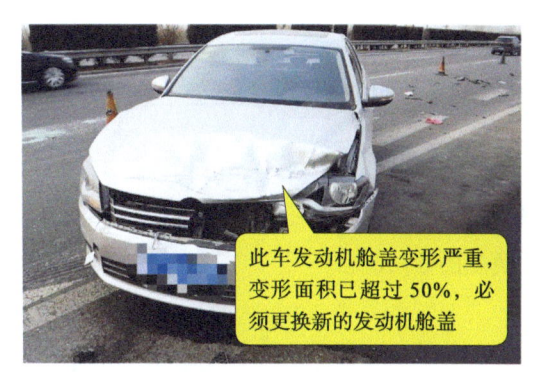

图 1-47　发动机舱盖严重变形需要更换

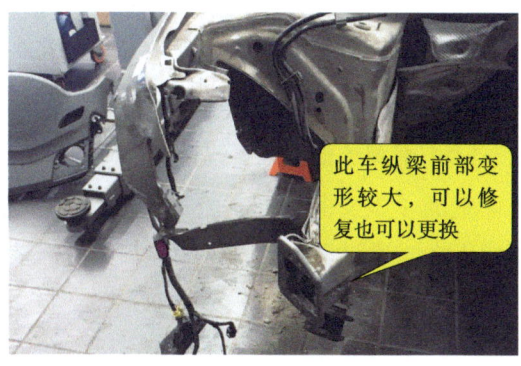

图 1-48　变形的前纵梁

图 1-49　宝马 X1 更换前纵梁过程

图 1-49　宝马 X1 更换前纵梁过程（续）

（5）前翼子板的维修或更换

前翼子板安装在前车轮的上部，前部碰撞或侧面碰撞都有可能伤及翼子板，翼子板变形不大时通过钣金修复，变形较大时需要更换（图 1-50）。

图 1-50　更换前翼子板

（6）前翼子板内骨的维修或更换

翼子板是安装在翼子板内骨上的，翼子板内骨是翼子板的安装基础件。翼子板被撞击较严重时，基础件也会变形，变形不大时可通过钣金进行校正、修复，变形较大时则需要更换（图 1-51、图 1-52）。

图 1-51　翼子板内骨的安装位置

图 1-52 变形的翼子板内骨和没有变形的翼子板内骨对比

2. 侧面碰撞

前侧面碰撞会损坏翼子板、翼子板内骨、前纵梁，前面已介绍，在此不再赘述。在这部分主要介绍中部侧面碰撞损坏维修。

（1）车门的维修或更换

车门受到撞击会变形，变形不大时可通过钣金进行修复（图 1-53），变形较大时则需要更换（图 1-54）。

图 1-53 修复变形不大的车门

图 1-54 更换变形较大的车门

（2）A柱的维修或更换

车辆受到正面严重撞击或侧面比较严重撞击时 A 柱会变形，变形较小时通过钣金进行校正、修复，变形较大时则需要更换。A 柱是和车身焊为一体的，更换时需要校正、切割、焊接，工艺比较复杂，维修难度大（图 1-55）。A 柱维修过的车辆都会被定义为事故车，做第三方鉴定时是通不过的，在检测报告中会注明为事故车。

图 1-55　更换变形较大的 A 柱

（3）B柱的维修或更换

车辆受到侧面比较严重撞击时 B 柱会变形，变形较小时通过钣金进行校正、修复，变形较大时则需要更换。B 柱是和车身焊为一体的，更换时需要校正、切割、焊接，工艺比较复杂，维修难度大。B 柱维修过的车辆都会被定义为事故车，做第三方鉴定时是通不过的，在检测报告中会注明为事故车。

B 柱的更换根据变形的程度有不同的更换方式，图 1-56 所示为倒"T"字形切割更换方式，严重的有"工"字形切割更换方式，还有较轻变形的"1"字形（只切B柱中间一截）切割。在进行二手车检查时一定要注意找到切口的位置才能准确鉴定。

图 1-56　更换变形较大的 B 柱

（4）C 柱的维修或更换

车辆受到正面严重撞击或侧面比较严重撞击时 C 柱会变形，变形较小时通过钣金进行校正、修复，变形较大时则需要更换。C 柱是和车身焊为一体的，更换时需要校正、切割、焊接，工艺比较复杂，维修难度大。C 柱维修过的车辆都会被定义为事故车，做第三方鉴定时是通不过的，在检测报告中会注明为事故车。轿车的 C 柱和后翼子板是连成一体的，往往更换 C 柱时同时会更换后翼子板，C 柱的维修和更换请阅读后翼子板更换部分。

（5）车门槛下边梁的维修或更换

车门槛下边梁位于车门框的下部（俗称下裙边），是车身中部的重要框架。受到侧面撞击时会变形受损，变形较小时可通过钣金进行校正、修复（图 1-57），变形较大时则需要更换。

图 1-57　车门槛下边梁变形修复

3. 后部碰撞的维修

（1）后保险杠的维修或更换

轿车的后保险杠和前保险杠一样大部分由塑料做成。如果只是变形，可以用加热的方法恢复原状；如果有裂纹，裂纹不大可以用塑料焊接进行修复；如果变形较大或破损严重，则需要更换。维修方法和前保险杠是一样的。

（2）后围板的维修或更换

后围板位于后保险杠的前面，后部受到撞击时会变形。变形较小时可以通过钣金校正、修复，变形严重时必须更换（图 1-58）。后围板是和行李舱焊成一体的，更换时需

图 1-58　更换变形较大的后围板

要校正、切割、焊接，工艺比较复杂。

（3）备胎池的维修或更换

备胎池位于行李舱的底部，是安装备胎的位置。后部受到较严重撞击时，备胎池会变形，变形较小时通过钣金进行校正、修复，变形较大时则需要更换。备胎池是和车身焊为一体的，更换时需要校正、切割、焊接，工艺比较复杂，维修难度大（图1-59）。

更换备胎池时因为需要切割、焊接，作业时必须把燃油箱拆下，保证作业的安全。

图1-59　更换变形较严重的备胎池

(4) 后纵梁的维修和更换

后纵梁和前纵梁一样是车辆的骨架，承受车身的较大重量，但对于前置发动机的车辆，后纵梁没有前纵梁受力大，所以后纵梁没有前纵梁粗大，受到撞击更容易变形（图1-60）。后纵梁的修理工艺要求和前纵梁是一样的，在此不再赘述。

图 1-60　变形的后纵梁

(5) 后翼子板的维修或更换

车辆后部或后侧面受到撞击时，后翼子板会变形，变形较小时可以通过钣金校正、修复（图1-61），变形严重时必须更换（图1-62）。后翼子板是和车身焊成一体的，更换时需校正、切割、焊接，工艺比较复杂。

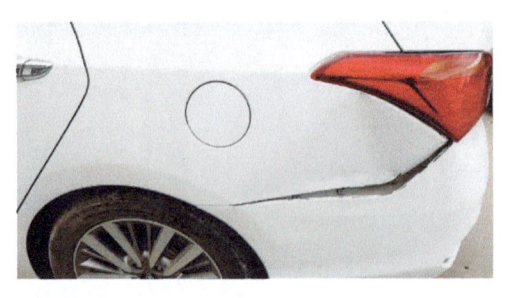

图 1-61　修复变形的后翼子板

图 1-62 更换变形较严重的后翼子板

（6）后翼子板内骨的维修或更换

后翼子板内骨是后翼子板安装的基础件。翼子板受到较严重撞击时基础件也会变形，变形较小时可以通过钣金校正、修复（图1-63），变形严重时必须更换（图1-64）。后翼子板内骨是和车身焊成一体的，更换时需要切割，工艺比较复杂。

图1-63 修复变形的后翼子板内骨

图1-64 更换变形严重的后翼子板内骨

4. 底部碰撞的维修

对于底盘比较低的轿车，遇到路上较高的障碍物时，可能会刮碰到车辆底部（图1-65），造成燃油汽车底板变形，发动机油底壳、变速器油底壳、油箱受损漏油，新能源汽车的动力电池受损。

对于变形较轻的发动机油底壳、变速器油底壳可以通过修复恢复原状，对于变形较大的必须更换。在事故撞击后发现有发动机油底壳、变速器油底壳、油箱受损漏油的一定不能继续行驶，必须马上靠边停车等待救援，只有修复后才能行驶，否则可能引起较大的机械事故或行车安全事故。

图 1-65　车辆底部损伤

三、喷漆维修

1. 全车喷漆

轿车全车喷漆可以避免出现色差，要达到很好的效果，喷漆前必须把前后保险杠、发动机舱盖、行李舱盖、车灯、车门拉手、车门、座椅、车门玻璃压条等外围附件拆下，然后把旧油漆打磨掉，表面不平整的地方还要进行补腻子处理，最后才能进行全车喷漆（图 1-66、图 1-67），这样才能达到较好的全车喷漆效果。

全车喷漆时一定要拆下车身的附件，如果不拆附件只是进行遮挡，喷完漆撕下遮挡时会在遮挡边上看到明显的留漆，如果拆下附件，再装上附件时是看不到留漆的。

图 1-66　全车喷漆前的处理

图 1-66　全车喷漆前的处理（续）

2. 局部喷漆

局部喷漆是指只喷车身的部分覆盖件，比如只喷一个车门、一个发动机舱盖、一条保险杠，不是只喷某一覆盖件的一部分，比如只喷车门的一个角或发动机舱盖的一半，这样喷漆容易出现色差。在局部喷漆时，最好要把相关的附件拆下，比如喷车门时，要把车门拉手、车门玻璃压条拆下（图 1-68），否则容易在相关附件的缝隙处有留漆的现象。

图 1-67　全车喷漆后的车辆

拆下车门拉手

图 1-68　车门喷漆

> **特别提醒**：随着汽车维修设备、维修工艺、维修技术的不断进步，车辆的维修水平也越来越高，只有具备良好的车辆维修知识才能准确鉴定车辆技术状况，为健康的二手车市场发展做出贡献。

学习任务五　车上重要信息的识别

一、VIN 码的识别

什么是车辆的识别码，相信很多人都不是很清楚。车辆的识别码其实相当于车辆的"身份证"。每款车型都有一个不同的识别码，它们由字母和数字组成（图 1-69）。通过汽车的识别码，可以直接看出车辆的国别、生产时间、型号等信息。

图 1-69　VIN 码示意图

1. VIN 码的第 1 位和第 10 位关键信息

虽然车辆识别码由 17 位数字组成（图 1-70），不过对于二手车而言，只有两位才是最关键的，只要您记住这两位，那么对于一些潜在问题就可以很好地分析。首先，您要记住的是首位编码，首位编码代表制造商，也就是哪个国家生产的，（1 代表美国、L 代表中国、V 代表法国、W 代表德国、K 代表韩国等），比如：我们买一辆德国的原装进

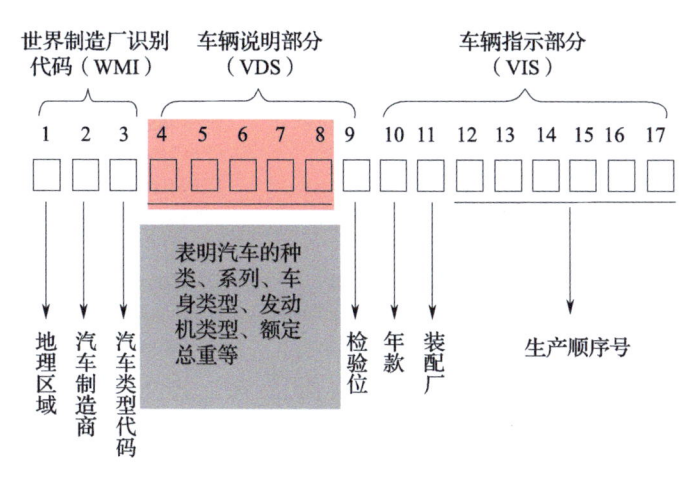

图 1-70　VIN 码编码规则

口车，如果车辆识别码是 W，那就说明车辆没问题，如果是别的数字，那么您就要小心了，有可能车架号重新打过，或有其他问题。

除了首字母，第 10 位编码表示生产年份，它代表出厂时间。比如：一款不错的老车，登记证记载的是 2002 年，但车辆识别码第 10 位是 W，那么就说明这辆车是 1998 年生产的，属于积压已久的库存车。

2. 车辆识别码在车上位置

车辆识别码大多在非常明显的位置，比如：前风窗玻璃左下角（驾驶人侧）、右侧防火板上（图1-71）。也有一些车型比较特殊，车辆识别码在别的地方，比如：标致 307 的车辆识别（VIN）码除风窗玻璃下外，在车辆铭牌和右前减振器上部的车身上也能找到，而有的车型车辆识别（VIN）码则在尾箱，或其他一些地方。

图 1-71　VIN 码在车上的位置

3. 在鉴定二手车时主要要了解 3 位编码的含义，第 1 位、第 2 位和第 10 位编码

第 1 位编码代表生产国家（图 1-72）。

通过第 1 位编码可以直接看出车辆的出产地：1、4 代表美国、J 代表日本、S 代表英国、2 代表加拿大、K 代表韩国、T 代表瑞士、3 代表墨西哥、L 代表中国、V 代表法国、W 代表德国、6 代表澳大利亚、Y 代表瑞典、9 代表巴西、Z 代表意大利。

第 2 位编码：标明汽车制造商（图 1-73）。

1—美国	S—英国
2—加拿大	T—瑞士
3—墨西哥	V—法国
4—美国	W—德国
6—澳大利亚	Y—瑞典
9—巴西	Z—意大利
J—日本	
K—韩国	
L—中国	

1—Chevrolet	A—Jaguar	H—Honda
2—Pontiac	B—BMW	L—Daewoo
3—Oldsmobile	B—Dodge	M—Hyundai
4—Buick	C—Chrysler	M—Mitsubishi
5—Pontiac	D—Mercedes	M—Mercury
6—Cadillac	E—Eagle	N—Infiniti
7—GM Canada	F—Ford	N—Nissan
8—isuzu	G—General	P—Plymouth
A—Alfa Romeo	G—Suzuki	S—Subaru
A—Audi	H—Acura	T—Lexus

图 1-72　VIN 码第 1 位编码代表含义　　图 1-73　VIN 码第 2 位编码代表含义

第 10 位：车型年份（图 1-74）。

年份	代码	年份	代码	年份	代码	年份	代码
1991	M	2001	1	2011	B	2021	M
1992	N	2002	2	2012	C	2022	N
1993	P	2003	3	2013	D	2023	P
1994	R	2004	4	2014	E	2024	R
1995	S	2005	5	2015	F	2025	S
1996	T	2006	6	2016	G	2026	T
1997	V	2007	7	2017	H	2027	V
1998	W	2008	8	2018	J	2028	W
1999	X	2009	9	2019	K	2029	X
2000	Y	2010	A	2020	L	2030	Y

字母与数字循环使用，30年为一个周期。比如1999年出厂的车辆用字母"X"表示，30年之后的2029年字母"X"将再次启用。

图 1-74　VIN 码第 10 位编码代表含义

总结：无论是挑选二手车还是新车，车辆识别码都起着参考作用，尤其是首位编码和第 10 位编码，它们可以直接反映车辆的国别和生产时间。有了这些基础知识，您在挑选车辆时，可以直接看出车辆的具体信息，尤其对于一些二手车而言，车辆识别编码反映的车辆信息更有参考意义。例如，同样一辆宝马 5 系轿车，如果 VIN 的首位是 W 那么就是原装进口德国的，如果是首位 L，那么就是华晨宝马生产的。

二、车上玻璃信息的识别

一块好的汽车玻璃对我们非常重要，它不仅能够阻挡热量、减弱速度感，同时也是汽车安全系统的重要组成部分，汽车上的每块玻璃都印有相关的标识（图 1-75），具体包括以下几个方面。

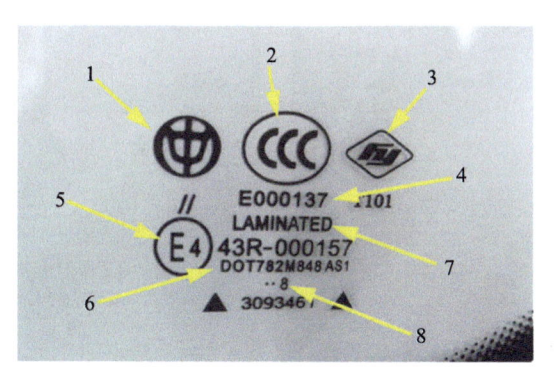

图 1-75　玻璃上的标识

1—汽车品牌　2—3C 认证　3—汽车玻璃品牌　4—玻璃生产家编码，图中 E000137 代表的是福耀集团长春有限公司
5—图中的 E 代表着欧盟的标志认证，"4"代表荷兰　6—DOT 及后边的数字则代表美国交通部 DOT 认证代码
7—LAMINATED 夹层玻璃、TEMPERED 就代表是钢化玻璃　8—生产日期

1. 汽车品牌标志

汽车玻璃上会打上汽车厂商的品牌标志，一般情况下这个是一块玻璃上最大的标志。例如吉利会打上吉利的标志，大众会打上大众的标志（图1-76）。

图1-76　玻璃上汽车厂商的品牌标志

2. 玻璃厂商的品牌标志

除了在玻璃上打上汽车厂商的标志外，还会打上玻璃生产厂商的标志，例如我国非常有名的福耀玻璃等，图1-77和图1-78所示为常见轿车配套玻璃品牌。

福耀　　　　圣戈班　　　　旭硝子　　　　皮尔金顿

图1-77　玻璃生产厂商标志

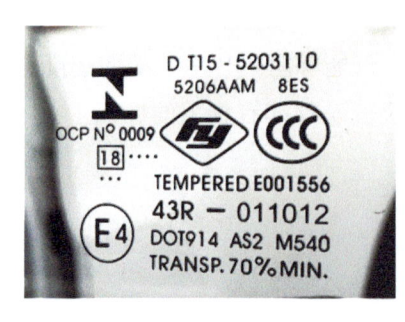

图1-78　玻璃上玻璃生产厂商标志

福耀：福耀集团是国内知名的汽车玻璃生产供应商。

圣戈班：法国圣戈班集团（Saint-Gobain）在 1665 年由 Colbert 先生创立。圣戈班在高档车型中所占份额较大。

AGC：旭硝子株式会社，是日本一家玻璃制品公司，为全球第二大玻璃制品公司，1907 年成立至今超过一百年。

皮尔金顿：英国皮尔金顿公司作为世界上最大的玻璃生产集团之一，1826 年创建于英国 St.Helens，已具有 100 年的历史，在全球拥有 25 个生产基地，销售公司遍布 130 个国家，是路虎的御用品牌。

3. 玻璃的生产日期

玻璃上并没有直接标明生产日期，而是通过一些符号进行标识（图 1-79）。目前玻璃生产日期标方法有三种。

1）单排的：数字 + 圆点（数字在中间）。

图 1-79 玻璃上生产日期标识 1

图 1-79 中······8、9····这些好像摩尔斯电码一样的东西就是玻璃的生产日期了，其中：8、9 表示年份，就是 2008 年和 2009 年，同理 15 就是 2015 年，5 就是 2005 年。黑点在数字前，表示上半年生产，计算公式是 7- 黑点数，那么图 1-79 中左图就是 7-6=1，所以这块玻璃是 2008 年 1 月份生产的；如果黑点在数字后，则表示为下半年生产，计算公式是 13- 黑点数，那么图 1-79 中图右就是 13-4=9，所以这块玻璃是 2009 年 9 月生产的。

2）单排的：数字 + 圆点 + 星点（图 1-80）。

这种表示方法的数字同样是代表年份，靠近数字的圆点代表季度，后面的圆点代表这个季度的哪一个月。以图 1-80 所示的标识为例，7 代表 2007 年或者 2017 年，数字"7"后面有三个圆点，表示是第三季度，紧接着后面还有两个星点，表示是第二个月。综合起来看，读取出来的日期是 2007 年或者 2017 年第三季度的第二个月，就是 2007 年

或者 2017 年 8 月份出厂的汽车玻璃。

图 1-80　玻璃上生产日期标识 2

3）两排标注：第一排数字+圆点，第二排大圆点+小圆点（图 1-81）。

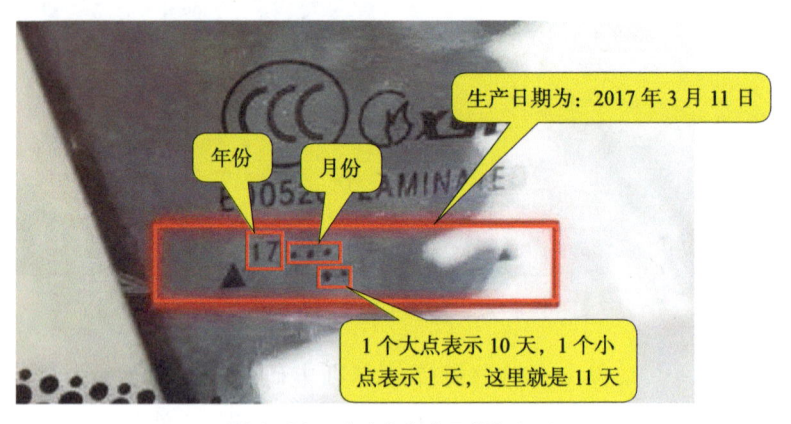

图 1-81　玻璃上生产日期标识 2

这种表示方法可以表示具体的日期，数字同样是代表年份，第一排圆点代表月份，第二排的大圆点代表 10 天，小圆点代表 1 天。图 1-81 所示的生产日期读取出来就是这样的，第一排 17 表示是 2017 年，后面三个点表示 3 月，第二排有一个大点一个小点，大点表示 10 天，小点表示 1 天，组合在一起就是 11 天，把两排的信息整合到一起，读取出来的日期就是 2017 年 3 月 11 日出厂的汽车玻璃。

4. 怎样判断玻璃是否更换

检查玻璃上的生产日期（图 1-82），再和车辆铭牌上的整车出厂日期（图 1-83）比对，可以判断玻璃是否更换过。玻璃作为配套的配件生产日期要比整车出厂日期要早，如果发现玻璃生产日期晚于整车的出厂日期，可以判定玻璃已经更换过。

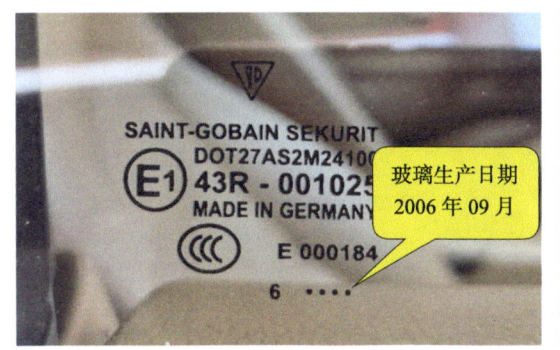

图 1-82　汽车玻璃上的生产日期

图 1-83　汽车铭牌上的整车出厂日期

从图 1-82 和图 1-83 可以看出玻璃的生产日期为 2006 年 9 月，整车出厂日期为 2007 年 1 月，玻璃生产日期先于整车出厂日期，可以判定这块玻璃是原厂玻璃，没有更换过。

三、轮胎信息的识别

轮胎上的标识很多，有品牌、型号、生产日期等（图 1-84）。鉴定二手车主要要了解轮胎的品牌、生产日期。轮胎的型号含有一串数字及英文标识，其含义如图 1-85 所示。

图 1-84　轮胎上的标识

图 1-85　轮胎上的型号含义

1—轮胎宽度（mm）　2—高宽比（扁平比）
3—子午线轮胎　4—轮辋直径　5—载重系数
6—速度系数　7—生产日期

检查二手车时，最重要的是要知道轮胎的"新鲜度"，因为轮胎的使用寿命一般是 3~5 年。也就是说要知道轮胎是什么时候生产的，但是轮胎并没有直接标明生产日期，而是通过一串数字表示，如图 1-86 所示。

图 1-86 轮胎上生产日期标识

四、事故易损件生产日期的识别

1. 前照灯的生产日期标注

前照灯的生产日期不同的车系标注方法不一样，国产品牌一般直接用标贴标注（图 1-87），一目了然。

欧系车标注方法有些特别，是在零件生产时直接把生产日期铸刻在零件上（图 1-88），由中间一个小圆一个箭头，箭头两边数字组成代表年份，小圆外面圆环由 12 个数字组成代表月份。

图 1-87 前照灯生产日期标注 1

图 1-88 前照灯生产日期标注 2

2. 安全带的生产日期标注

安全带生产日期标注方法也有两种，一是直接标注（图 1-89）。

第二种标注方法和前面欧系车中零件标注方法一样，是在零件生产时直接把生产日期铸刻在零件上（图 1-90）。

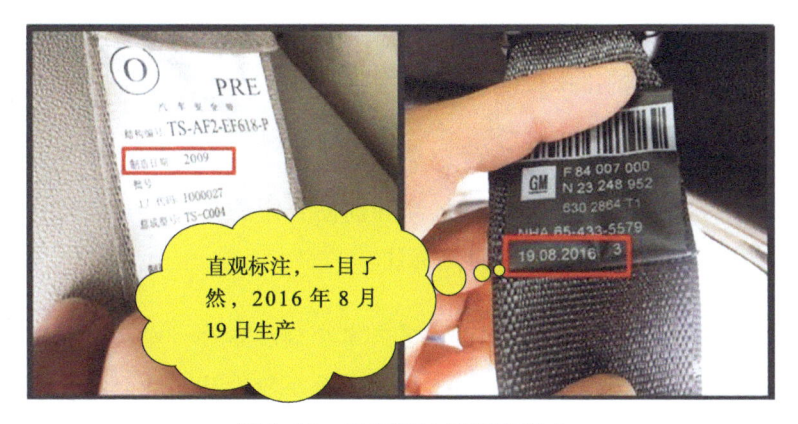

图 1-89 安全带生产日期标注 1

3. 蓄电池的生产日期标注

蓄电池的生产日期标注方法有两种，一是直接标注法（图 1-91）。

图 1-90 安全带生产日期标注 2

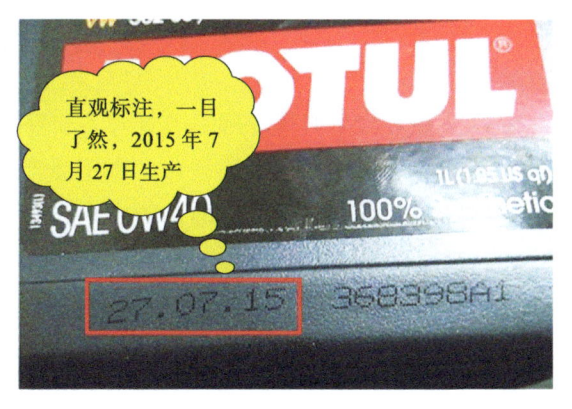

图 1-91 蓄电池生产日期标注 1

第二种是用数字字母组合表示（图 1-92）。

第一位：数字，一般是 0-9 共 10 个数字中的一个，代表该电池的生产年份，图 1-92 所示的第一位数字是 1，表示生产年份为 2021 年。

第二位：字母，一般是 ABCDEFGHJKLM 共 12 个字母中的一个，代表该电池的生产月份，按字母顺序分别表示该电池的生产月份 1-12 月，图中第二位字母是 E，表示生产月份为 5 月。

图 1-92 蓄电池生产日期标注 2

第三位、第四位：表示电池的生产日期，图中的数字是06，表示生产日为6日。后面字母结合数字就是电池的批次代码。

4. 冷凝器、发动机散热器的生产日期标注

冷凝器、发动机散热器的生产日期标注和前面介绍的车灯、安全带的标注方法也是一样的，一是直接标注，二是欧系车铸刻标注。

> **特别提醒：** 为了掩人耳目，社会上出现了汽车玻璃、车灯、空调冷凝器、发动机散热器等零配件生产日期造假的情况。一方面作为汽车维修从业者一定不能为自身利益违背职业道德，另一方面作为二手车从业者一定要有过硬技能，在鉴定车辆时能检查出问题车辆，为二手车市场的良性发展做出贡献。

复习思考题

1. 了解事故车的维修知识对鉴定二手车有什么作用？
2. 汽车的局部喷漆应注意什么才不会产生留漆现象？
3. 写出4个主流汽车玻璃品牌及原产地。
4. 怎样判断汽车玻璃是否更换过？
5. 写出10个汽车轮胎品牌的中英文标识及原产地。
6. 请写出图1-93所示的玻璃的品牌、玻璃类型、生产日期。

图1-93 某品牌的汽车玻璃

02 项目二
二手车鉴定评估概述

学习任务一　二手车鉴定评估的概念和原则

二手车鉴定评估广泛应用于二手车交易、机动车辆法律诉讼、车辆投保、车辆置换、机动车抵押贷款、车辆担保、车辆拍卖、车辆典当等领域。对于同一辆车，由于不同的评估目的，其评估出来的结果会有所不同。在洽谈车辆评估委托时，明确车辆评估的目的十分重要。对于走私车、盗抢车、非法拼装车、报废车、手续不全的车辆，严禁在二手车交易市场上交易，承接其评估也是违法的。

作为二手车鉴定评估人员，必须了解国内外二手车市场发展动态，具备一定的二手车理论知识，为二手车鉴定评估做好准备。

一、二手车鉴定评估的相关概念

1. 二手车

二手车英文为 Second Hand Vehicle，直译为"第二手的汽车"，在中国也称为"旧机动车"。目前二手车已理解成"用过的汽车"，即不单指第一次转让的车辆，也有可能是被多次转让的车辆。根据《二手车流通管理办法》中规定：二手车是指办理完注册登记手续到国家强制报废标准之前进行交易并转移所有权的汽车、挂车和摩托车。

2. 二手车鉴定

二手车鉴定是指有鉴定评估资格的人员，按照特定的目的，遵循法定或公允的标准程序，运用科学的手段和方法，对二手车的合法性进行查验，对车辆的技术状况进行检测的过程。

3. 二手车评估

二手车评估是指有鉴定评估资格的人员，经过对二手车鉴定之后，对二手车现时价值进行的预测评估过程。

4. 二手车鉴定评估

二手车鉴定评估实质是由鉴定和评估两个过程组成的，而实际工作中没有严格的界限，因此，统称为二手车鉴定评估。为了方便理解和运用，二手车鉴定评估又可定义为：由专门的鉴定评估资格人员，按照特定的目的，遵循法定或公允的标准程序，运用科学的手段和方法，对二手车进行手续查验，对车辆的技术状况进行检测，并对二手车现时价值进行预测的过程。二手车鉴定评估包括**主体和客体**。

（1）**主体**　二手车鉴定评估的主体是指二手车鉴定评估业务的承担者，即从事二手车鉴定评估的机构及专业鉴定评估人员。鉴定评估人员的素质对评估工作水平和评估结果的质量有重要影响，所以，二手车鉴定评估人员必须掌握一定的资产评估业务理论及资产评估的方法；熟悉并掌握国家颁布的与二手车交易有关的政策、法规、行业管理制度以及相关的技术标准；具备对二手车的技术状况进行准确的判断和鉴定的能力；具有良好的职业道德，公平公正、遵纪守法，保证二手车鉴定评估质量。同时还必须经过严格的考试，取得国家相关部门颁发的《二手车鉴定评估师》证书。

（2）**客体**　二手车鉴定评估的客体是指待评估的车辆，是鉴定评估的具体对象。车辆交易前，必须到公安交通管理机关申请车辆检验，检验被交易车辆的车架号和发动机号的全部拓印，若有不一致或改动、凿痕、锉痕、重新打刻等人为改变时，一律扣留审查。根据 2005 年 10 月 1 日起施行的《二手车交易管理办法》中的规定，有下列情况之一的车辆禁止交易：

1）已报废或者达到国家强制报废标准的车辆。

2）在抵押期间或者未经海关批准交易的海关监管车辆。

3）在人民法院、人民检察院、行政执法部门依法查封、扣押期间的车辆。

4）通过盗窃、抢劫、诈骗等违法犯罪手段获得的车辆。

5）发动机号码、VIN 码与登记号码不相符，或者有凿改迹象的车辆。

6）走私、非法拼（组）装的车辆。

7）手续不齐的车辆。

8）国家法律、行政法规禁止经营的车辆。

5. 成新率

成新率是二手车新旧程度的衡量指标，是指二手车的功能或使用价值占全新机动车的功能或使用价值的比率，也可理解为二手车的现实状况与机动车全新状况的比率。

6. 折现率

折现率是指将未来有限期预期收益折算成现值的比率。本金化率和资本化率或还原利率则通常是指将未来无限期预期收益折算成现值的比率。

7. 贬值

二手车贬值根据性质不同分为：功能性贬值、经济性贬值、有形损耗贬值。

（1）**功能性贬值** 二手车功能性贬值是由于技术进步引起的二手车功能相对落后而导致的贬值。这是一种无形损耗。功能性贬值可分为一次性功能贬值和营运性功能贬值。

一次性功能贬值是由于技术进步引起劳动生产率的提高，现在再生产与原功能相同的车辆，相应社会必要劳动时间减少、成本降低而造成原车辆的价值贬值。

营运性功能贬值是由于技术进步，出现了新的、性能更优的车辆，致使原有车辆的功能相对新车型已经落后而引起其价值贬值。具体表现为原有车辆在完成相同工作的前提下，在燃料、人力、配件材料等方面的消耗增加，形成了一部分超额运营成本。

（2）**经济性贬值** 经济性贬值是反映社会对各类产品综合的经济价值下降的大小，突出表现为供求关系的变化对市场价值的影响。二手车经济性贬值是指由于外部经济环境变化所造成的车辆贬值。它也是一种无形损耗。外部经济环境包括宏观经济政策、市场需求、通货膨胀和环境保护等。如高铁的普及，长途客车需求就会减少，其价值就会因此而贬值；反之就会增值。

经济性贬值是由于外部环境而不是车辆本身或内部因素所引起的，达不到原有设计的获利能力而造成的贬值。外界因素对车辆价值的影响不仅是客观存在的，而且对车辆价值影响还相当大，所以，在二手车的评估中不可忽视。

（3）**有形损耗贬值** 二手车实体有形损耗也称实体性贬值，是指二手车在存放和使用过程中，由于物理和化学原因（如机件磨损、锈蚀和老化等）而导致的车辆实体发生的价值损耗，即由于自然力的作用而发生的损耗。计量二手车实体有形损耗时，主要根据已使用年限进行分摊。

8. 二手车的原值

二手车原值即车辆原始价值，是指车主在购置以及其他方式取得某类全新机动车时所发生的全部货币支出，包括买价、运杂费、车辆购置附加费、消费税、新车登记注册

费等所发生的费用。

9. 二手车的净值

二手车随着使用的过程逐渐磨损，其原始价值也随之减少而转入企业成本。企业提取的机械折旧额为折旧基金，用于车辆磨损的补偿。提取折旧后，剩余的机械净值称为二手车的净值，它在一定程度上反映了车辆现有价值。

10. 二手车的残值

二手车报废清理时回收的那些材料、废料的价值称残值，它体现二手车丧失生产能力以后的残体价值。

11. 评估值

二手车评估值是遵循一定的计价标准和评估方法，重新确定的二手车现值。

12. 报废汽车

报废汽车（包括摩托车、农用运输车）是指达到国家报废标准，或者虽未达到国家报废标准，但发动机或者底盘严重损坏，经检验不符合国家机动车运行安全技术条件或者国家机动车污染物排放标准的机动车。

13. 拼装车

拼装车是指使用报废汽车发动机、转向器、变速器、前后桥、车架（统称"五大总成"）以及其他零配件组装的机动车。

14. 改装汽车

改装汽车有两种情况，一是厂家改装，是对原车重新设计、改装的，使用的零件是经过国家鉴定合格的，属于合法改装；二是消费者自己委托改装，一般是指改变车身颜色、更换发动机、更换车身或者车架，改装的内容必须符合道路安全法的规定，而且机动车所有人应向登记地车辆管理所申请变更登记。

15. 平行进口车

平行进口汽车，全称是平行贸易进口车，简称平贸车。它是指未经品牌厂商授权，贸易商从海外市场购买，并引入中国市场进行销售的汽车。由于进口地不同，可分为"美规车""中东版车""加版车""欧版车"等，以区别于授权渠道销售的"中规车"。

16. 中规车

所谓"中规车"是厂商根据中国的法律法规生产的，面向中国市场销售的车型，其中就包括 4S 店销售的进口车，国产豪华车和我们自主品牌生产的在国内销售的汽车。

17. 美规车

所谓美规车是一个广义概念，主要相对中规车而言，指的是那些生产规格并不是按照中国相关法规，而是按照海外地区的相关要求来生产的进口汽车，其中不仅有按照美国法规生产专供美国市场的美规车，也有按照中东地区法规生产的车型。

二、二手车市场的发展及管理

1. 中国二手车市场发展概况

中国新车产销售量从 2009 年开始到 2024 年已连续 16 年蝉联全球第一，按发达国家汽车工业发展规律，新车市场发展到一定程度后增速会放缓，取而代之的是二手车市场迅猛发展。近年来，中国二手车市场以每年 20%~30% 的速度递增。特别是局部市场，二手车交易甚至出现了"井喷"的态势，如北京、广东、上海、浙江等省市二手车交易量增长甚至超过了新车，而且品牌二手车业务取得重要进展。二手车市场的快速增长表明我国二手车消费开始进入新的阶段，即由单一的集贸式交易市场向品牌专卖、拍卖、经纪公司等多种经营模式共存的格局转变。品牌二手车的出现，为二手车市场增添了新的变化，主要体现在以下几处。

1）丰富了二手车交易模式。买卖二手车不再只是通过二手车交易市场一个渠道来完成。

2）4S 店依靠品牌的优势和强大的售后服务能力，能够提供与新车一样的质量保证，打消消费者的疑虑，让消费者买得放心、用着舒心。

3）4S 店通过执行生产企业严格的认证标准，明示车辆质量信息，明码标价，改变市场信息不透明的问题。

4）通过新旧置换，为二手车市场提供了丰富的经营资源，将为二手车市场快速发展增添强劲动力。

面对新的市场环境，国内二手车经销商要想在激烈的市场竞争中站稳脚跟，就必须借鉴国外企业的成功经验，创新管理模式，充分利用二手车市场拥有的庞大经营渠道和信息资源，建立自己规范的业务流程和先进的网络管理系统，以合理的收购价值、售后服务的保障、服务商的可靠信誉、便捷的交易手续，引导消费者正确认识品牌二手车，促进品牌在二手车市场的繁荣。

2. 二手车流通市场的管理

为加强二手车流通市场管理，明确二手车交易市场、二手车经营主体的设立条件和程序，规范二手车交易市场经营者和二手车经营主体的经营、服务行为，打击拼装、走私、盗抢、报废等车辆的非法交易，防止国家税收和国有资产流失，维护交易双方合法权益，促进二手车流通行业又好又快发展，应依照商务部、公安部、国家工商总局、国家税务总局公布的《二手车流通管理办法》（以下简称《办法》）和商务部《二手车交易规范》（以下简称《规范》）、公安部《机动车登记工作规范》、国家税务总局《关于统一二手车销售发票式样问题的通知》等执行。

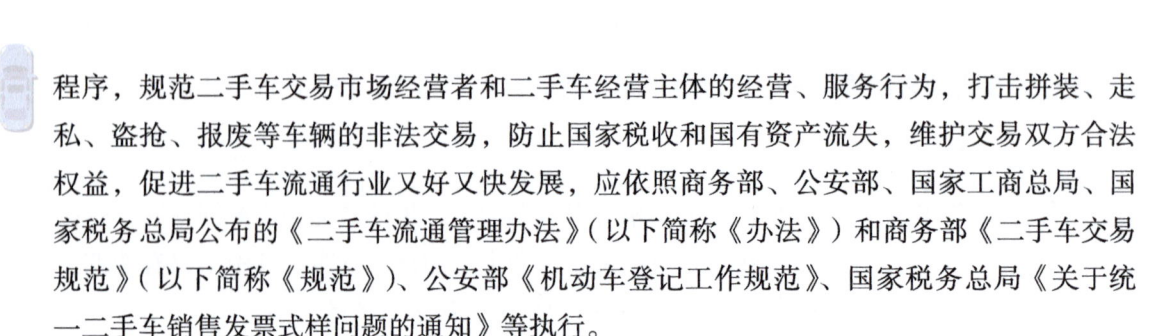

三、二手车评估的目的和任务

1. 二手车评估的目的

二手车鉴定评估是以技术鉴定为基础的，用来准确确定二手车市场现时价值，并以此作为买卖双方成交的参考底价。即为了正确反映二手车的价值量及其变动，为将要发生的经济行为提供公平的价值尺度。

2. 二手车评估的任务

对于同一辆车，因不同的评估目的，其评估出来的结果会有所不同。所以对于客户提出不同的委托目的，需要采用不同的评估方法，同时评估中的重要单元是鉴别车辆是否是走私车、盗抢车、非法拼装车、报废车、手续不全车等，其单元主要有以下几点。

（1）**确定二手车交易价值** 由于二手车在交易时，买卖双方对交易价值的期望是不同的。所以，需要鉴定评估人员站在公正、独立的立场，选择适宜的评估方法，对预交易车辆进行鉴定评估，评估价值作为买卖双方成交的参考底价。

（2）**法律诉讼咨询服务** 当事人遇到机动车辆诉讼时，可以委托鉴定评估师对车辆进行评估，有助于把握事实真相。同时，法院在判决时，可以依据鉴定评估师的结论为法院司法裁定提供现时价值依据。

（3）**车辆的转籍、过户** 二手车辆的转籍、过户可能因为交易行为，或者因为其他经济行为而发生。例如，某单位或个人用机动车辆来偿还其债务，且债权债务双方对车辆的价值出现异议时，需要委托二手车鉴定评估机构对有关车辆的价值进行评定估算。否则，车辆无法转籍和过户。

（4）**车辆保险** 在对车辆进行投保时，所缴纳的保费高低直接与车辆本身的价值大小有关。同样，当保险车辆发生保险事故时，保险公司需要对事故车辆进行理赔。为了保障保险双方的利益，需要对核保理赔的车辆进行公平合理的鉴定评估。

（5）**车辆置换** 车辆置换是指以旧车换新车或者以旧车换旧车的业务。车辆的置换业务直接关系到置换双方的利益，所以，需要鉴定评估师对预置换的车辆进行公平合理的鉴定评估，为置换双方提供现时价值依据。

（6）**抵押贷款**　贷款人以机动车辆作为贷款抵押物，向银行进行贷款时，银行为了确保放贷安全，需要车辆鉴定评估机构对车辆进行准确的鉴定评估，并作为银行放贷的依据。

（7）**车辆担保**　车辆担保是指车辆产权人，用其拥有的机动车辆为他人或单位的经济行为进行担保时，需要二手车鉴定评估师对预担保车辆的价值进行公平评估，为担保人提供价值依据。

（8）**车辆拍卖**　对于符合拍卖条件的车辆，如公务车辆、执法机关罚没车辆、抵押车辆、企业清算车辆、海关获得的抵税和放弃车辆等，预进行拍卖时，应先对车辆进行鉴定评估，为车辆拍卖提供拍卖底价。

（9）**车辆典当**　当车辆产权人要将车辆进行典当时，若典当双方对典当车辆的价值出现异议，可以委托二手车鉴定评估师对典当车辆的价值进行评估，典当行以此作为放款的依据。对于典当车辆的处理，也需要二手车鉴定评估师为典当车辆进行鉴定评估。

四、二手车评估的依据和原则

1. 二手车鉴定评估的依据

（1）**理论依据**　二手车鉴定评估的理论依据是资产评估学，其操作方法按国家规定的方法操作。

（2）**政策法规依据**　二手车鉴定评估工作的主要政策法规有：《国有资产评估管理办法实行细则》《旧机动车交易管理办法》《汽车报废标准》等，以及其他方面的政策法规。

（3）**价值依据**　价值依据有两个方面：历史依据和现实依据。历史依据主要是二手车辆的账面原值、净值等资料，它具有一定的客观性，但不能作为评估的直接依据；现实依据是以基准日这一时点的现时条件为准，即现时的价值、现时的车辆功能状态等。

2. 二手车鉴定评估的原则

为了保证二手车鉴定评估结果的真实、准确，并做到公平合理，被社会承认，就必须遵循一定的原则。二手车鉴定评估应遵循的原则有公平性原则、独立性原则、客观性原则、科学性原则、专业性原则、可行性原则等。

（1）**公平性原则**　公平性原则是二手车鉴定评估工作人员应遵守的最基本的道德规范。鉴定评估人员的思想作风、工作态度应当公正无私。评估结果应该是公正、合理的，而绝对不能偏向任何一方。

（2）**独立性原则**　独立性原则是要求二手车鉴定评估工作人员应该依据国家有关法规和规章制度及可靠的资料数据，对被评估的二手车价值给出合理评定。不应受外界干扰和委托者意图的影响，从而使评估公正客观地进行。

（3）客观性原则　客观性原则是指评估结果应以充分的事实为依据。它要求对二手车计算所依据的数据资料必须真实，对技术状况的鉴定分析应该真实客观。为此，应加大仪器检查项目，使检测结果更加科学。

（4）科学性原则　科学性原则是指在二手车评估过程中，必须根据评估的特定目的，选择适用的评估标准和方法，使评估结果准确合理。

（5）专业性原则　专业性原则要求鉴定评估人员接受国家专门的职业培训，经职业技能鉴定合格后由国家统一颁发执业证书，持证上岗。

（6）可行性原则　可行性原则亦称有效性原则。要想使鉴定评估的结果真实可靠又简便易行，就要求鉴定评估人员是合格的，具有较高的素质；评估中利用的资料数据是真实可靠的；鉴定评估的程序与方法是合法的、科学的。

学习任务二　二手车鉴定评估机构和评估师

一、二手车鉴定评估机构

1. 评估机构应具备的条件

1）是独立的中介机构。

2）有固定的经营场所，经营面积不少于200m²。

3）有从事经营活动的必要设施，一般应具备：汽车举升设备；车辆故障信息读取设备、车辆结构尺寸检测工具或设备；车辆外观缺陷测量工具、漆面厚度检测设备；照明工具、照相机、螺丝刀、扳手等常用操作工具。

4）有3名以上从事二手车鉴定评估业务的专业人员（包括《二手车流通管理办法》实施之前取得国家职业资格证书的旧机动车鉴定估价师，具有二手车鉴定估价师职业资格证书及中国汽车流通协会的注册证明）。

5）有规范的规章制度。

2. 评估机构的职能

（1）评估职能　二手车鉴定评估机构对二手车进行评估，得出评估结论，并说明得出结论的充分依据和推理过程，体现出其评估职能。评估职能是二手车鉴定评估机构的关键职能。

（2）公证职能　二手车鉴定评估机构可以对二手车评估结论给出符合实际的、可以信赖的证明，所以二手车鉴定评估机构具有公证职能，具有以下特征：

1）这种公证职能虽然不具备定论作用，但却有促成事故结案、买卖成交的作用。

2）这种公证职能虽然不具备法律效力，但该结论可以接受法律的考验。所以二手车鉴定评估机构可以接受委托方的委托出庭辩护，甚至可被聘请为诉讼代理人出庭诉讼，本着对委托方特别是对评估报告负责的原则，促成双方接受既定结论。

（3）中介职能　二手车鉴定评估机构作为中介人，从事评估经济活动，并参与相关利益的分配，为当事人提供服务，具有鲜明的中介职能。所以，二手车鉴定评估机构可以以中间人的身份，独立地开展二手车评估，从而得出评估结论，促成双方当事人接受该结论，为当事人提供中介服务，从而发挥其中介职能作用。

3. 评估机构的特征及地位

（1）**二手车鉴定评估机构的特征**

1）具有经济性。二手车鉴定评估机构通常需通过相关的专业技术人员，接受诸多当事人（如保险公司、车主等）的委托，处理不同类型的二手车评估业务，积累二手车评估经验，提高二手车评估水平，从而帮助当事人降低成本，提高经济效益。

2）具有专业性。二手车鉴定评估机构的市场定位是向众多当事人提供专业的评估业务。由于对特定的对象（二手汽车）进行评估，而汽车种类繁多，当事人的要求又千差万别，所以，二手车鉴定评估机构比一般的资产评估机构在评估技术方面要更专业，经验要更丰富。

3）具有中介性。二手车鉴定评估机构作为汽车保险市场、二手车交易市场、汽车碰撞事故双方的中介，易被双方当事人所接受，因而可以缓解当事人双方的矛盾并增大回旋余地，可以说，二手车鉴定评估机构是减少当事人之间摩擦的"润滑剂"。因此，二手车鉴定评估机构是以获取利润为目标的中介组织。

此外，二手车鉴定评估机构是有具体业务领域的机构，从业人员应具有汽车专业技术知识，还需具有财务、会计、法律、经济、金融、保险等知识。

（2）**二手车鉴定评估机构的地位**　二手车鉴定评估机构的地位是独立的，主要表现在以下几个方面：

1）二手车鉴定评估机构执行评估业务时，既不代表双方当事人，也不受行政权力等外界因素干扰。

2）在二手车评估业务过程中，汽车评估执业人员保持着独立的思维方式和判断标准。

3）估价人员的评估分析和结论具有独立性。

4）二手车鉴定估价人员具有知识密集性和技术密集性的特征，具有一定的权威地位；但从法律的角度看，这种权威地位是相对的。从市场地位而言，二手车鉴定估价人员必须坚持独立的立场，无论针对哪一方委托的事务都应给出客观、公平的评判。

二、二手车鉴定评估师

1. 二手车鉴定评估师的作用

《二手车鉴定评估师》职业资格证书是合法从事二手车鉴定与估价工作的前提。经营范围包含二手车的鉴定与估价的单位，需要符合国家有关部门关于二手车鉴定估价的特定条件才能合法开展业务，取得经营资质的前提也需要取得本职业资格证书。今后，随着二手车市场的进一步发展和规范，《二手车鉴定评估师》职业资格证书将成为进入二手车经营领域的入场券和通行证，其作用主要有：

1）国家劳动法及《二手汽车流通管理办法》都明确规定了二手车估价实行职业资格准入制度，只有持有二手车鉴定评估师/旧机动车鉴定评估师职业资格证书者，才能合法从事二手车估价职业。

2）注册二手车鉴定公司、二手车评估机构等，必须至少持有3张二手车鉴定评估师职业资格证书（全国证可通用），地方工商局才受理核发营业执照。

3）上述注册的公司在年检、核查时或产生法律纠纷取证时，二手车鉴定评估师职业资格证书都可作为有效合法的证明和依据。

2. 二手车鉴定评估师的职业素质

二手车鉴定评估师对汽车的定价直接涉及当事人双方的权益，是一项政策性和专业性都非常强的工作。汽车鉴定评估人员的素质高低，对评估结果的质量起着至关重要的影响。二手车鉴定评估师不但要能准确鉴定评估二手车的技术状况，还应掌握国家基本政策理论，应具有较高的业务素质和良好的思想品德。

（1）**掌握国家基本政策理论** 二手车鉴定评估师要有一定的资产评估业务理论，熟悉资产评估基本原理和基本方法，熟知国家有关二手车交易的政策法规和国家在各个时期的方针和政策。

（2）**具有较高的业务素质**

1）二手车鉴定评估师要具有宽广的知识面。不仅要具备财会、经济管理、市场、金融、物价等经济学方面的知识，同时还应具有汽车维修技术、微机操作方面的知识。

2）二手车鉴定评估师要具有准确的判断、鉴定和估算能力。

3）二手车鉴定评估师要具有较高的收集、分析和运用信息资料的能力。

（3）**要具有良好的思想品德** 二手车鉴定评估师应热爱本职工作，遵守职业道德；应具有较高的政治素质和法制观念，从事业务要保证公正、公平、公开。二手车鉴定评估师只有具备较高的思想品德素质，才能在评估工作中自觉履行自己的职责和义务，才能全心全意为客户服务。

3. 二手车鉴定评估师的能力素质

对二手车鉴定评估师和高级二手车鉴定评估师的能力要求是不同的，根据2007年国家职业标准中的规定，二手车鉴定评估师职业标准见表2-1，高级二手车鉴定评估师职业标准见表2-2。

表2-1　二手车鉴定评估师职业标准

职业功能	工作内容	技能要求	相关知识
一、评估准备	（一）接受委托	1. 能介绍二手车鉴定评估程序 2. 能介绍二手车鉴定评估方法 3. 能签订二手车鉴定评估委托合同	1. 社交礼仪 2. 二手车鉴定评估委托合同使用方法
	（二）核查证件、税费	1. 能确认被评估车辆及评估委托人的机动车来历凭证、机动车行驶证、机动车登记证书等是否合法有效 2. 能核实被评估车辆税费交纳情况 3. 能按要求对被评估车辆进行拍照	1. 机动车证件类型 2. 机动车证件识别方法 3. 车辆税费种类 4. 车辆税费凭证识别方法 5. 拍照技巧
二、技术状况鉴定	（一）静态检查	1. 能根据资料核对车辆基本情况 2. 能检查发动机技术状况 3. 能检查底盘技术状况 4. 能检查车身技术状况 5. 能检查电器电子装置技术状况 6. 能识别事故车辆	1. 机动车识伪检查方法 2. 发动机静态检查方法 3. 底盘静态检查方法 4. 车身静态检查方法 5. 电器电子装置静态检查方法 6. 事故车静态检查方法
	（二）动态路试检查	1. 能进行路试前的准备工作 2. 能动态检查机动车性能 3. 能进行路试后的检查工作	1. 机动车制动性能检查方法 2. 机动车动力性能检查方法 3. 机动车操纵性能检查方法 4. 机动车滑行性能检查方法 5. 机动车噪声和废气检查方法
	（三）技术状况综合评定	1. 能分析二手车的技术状况 2. 能提出机动车检测建议 3. 能识读机动车综合性能检测报告	1. 机动车技术等级标准 2. 机动车技术状况分析方法 3. 机动车技术状况检测项目和内容
三、价值评估	（一）选择评估方法	1. 能区分评估类型 2. 能根据评估目的选择评估方法	1. 评估类型分类 2. 评估方法分类
	（二）评估计算	1. 能用重置成本法评估二手车价值 2. 能用现行市价法评估二手车价值 3. 能用收益现值法评估二手车价值 4. 能用清算价值法评估二手车价值	1. 重置成本法的计算模型和估算方法 2. 二手车贬值及其估算 3. 成新率确定方法 4. 现行市价法评估流程和计算方法 5. 收益现值法评估流程和计算方法 6. 清算价值法基本方法
	（三）撰写二手车鉴定评估报告	1. 能与委托方交流，确认鉴定评估结论 2. 能编写二手车鉴定评估报告 3. 能归档二手车鉴定评估报告	1. 撰写二手车鉴定评估报告的要求 2. 二手车鉴定评估报告的要素 3. 二手车鉴定评估报告的内容

表 2-2　高级二手车鉴定评估师职业标准

职业功能	工作内容	技能要求	相关知识
一、故障判断	（一）判断发动机常见故障	能判断发动机起动困难、怠速不良、动力不足、排烟异常、机油消耗异常、异响等故障原因	1. 发动机故障表现形式 2. 发动机故障诊断方法 3. 发动机传感器、执行器、电子控制器（ECU）的检测方法
	（二）判断底盘常见故障	能判断传动系、转向系、行驶系、制动系等故障原因	1. 传动系、转向系、行驶系、制动系等故障表现形式 2. 传动系、转向系、行驶系、制动系等故障诊断方法
	（三）判断电器电子装置常见故障	1. 能判断蓄电池、发电机、起动机、空调、电子元件等故障原因 2. 能判断汽车起火自燃的原因	1. 汽车电路常见故障 2. 汽车常见电器电子元件 3. 汽车电器电子装置故障诊断程序 4. 汽车电器电子装置检修常用仪表
	（四）判断对车价影响较大的故障	1. 能分析汽车故障与车价的关系 2. 能判断对车价影响较大的故障	1. 汽车维修配件价值相关标准 2. 汽车修理成本核算方法
二、高配置装置识别与技术状况鉴定	（一）发动机技术状况鉴定	1. 能识别和鉴定涡轮增压发动机 2. 能识别和鉴定多气门发动机	1. 电控燃油喷射结构原理 2. 涡轮增压装置结构原理 3. 多气门发动机结构原理
	（二）底盘高配置装置识别与技术状况鉴定	1. 能识别和鉴定动力转向装置 2. 能识别和鉴定防抱死制动系统（ABS） 3. 能识别和鉴定巡航控制装置	1. 自动变速器（AT）、无级变速器（CVT）的结构原理 2. 动力转向装置的结构原理 3. 防抱死制动系统（ABS）的结构原理 4. 巡航控制装置的结构原理
	（三）车身高配置装置识别与技术状况鉴定	1. 能识别和鉴定倒车雷达装置 2. 能识别和鉴定防盗装置 3. 能识别和鉴定汽车音响	1. 安全气囊的结构原理 2. 倒车雷达装置的结构原理 3. 防盗装置的结构原理 4. 汽车音响的结构原理 5. 电动天窗的结构原理
三、专项作业车和大型客车鉴定评估	（一）专项作业车鉴定评估	1. 能判别专项作业车技术状况好坏 2. 能静、动态检查专项作业车 3. 能评估专项作业车价值	1. 专项作业车的分类、型号和技术指标 2. 专项作业车的基本结构和技术参数
	（二）大型客车鉴定评估	1. 能判别大型客车技术状况好坏 2. 能静、动态检查大型客车 3. 能评估大型客车价值	1. 大型客车的分类、型号和技术指标 2. 大型客车的基本结构和技术参数

（续）

职业功能	工作内容	技能要求	相关知识
四、二手车营销	（一）二手车收购、销售、置换	1. 能确定二手车收购价值 2. 能确定二手车销售定价方法 3. 能制订二手车销售定价目标 4. 能确定二手车销售最终价值 5. 能制订二手车置换流程	1. 二手车收购估价方法 2. 二手车收购估价与鉴定估价的区别 3. 二手车销售定价应考虑的因素 4. 二手车营销实务 5. 二手车置换方式
	（二）二手车质量认证	能制订二手车质量认证流程	二手车质量认证的内容
	（三）二手车拍卖	能确定二手车拍卖底价	1. 二手车拍卖方式 2. 拍卖相关法规 3. 二手车拍卖的运作过程
五、事故车辆鉴定评估	（一）事故车辆的鉴定	1. 能检查事故车辆的技术状况 2. 能鉴定事故车辆的损伤程度	车辆损伤类型
	（二）事故车辆的评估	1. 能对碰撞车辆进行评估 2. 能对泡水车辆进行评估 3. 能对火烧车辆进行评估	1. 损失项目的确定 2. 损失费用的确定
六、培训指导	（一）指导操作	能指导二手车鉴定评估师及对鉴定评估从业人员进行实际操作	二手车鉴定评估实际操作流程
	（二）理论培训	能指导二手车鉴定评估师及对鉴定评估从业人员进行理论培训	二手车鉴定评估师培训讲义编写方法

复习思考题

一、名词解释

1. 二手车
2. 二手车鉴定与评估
3. 成新率
4. 平行进口车

二、问答题

1. 作为一位二手车从业人员，应遵守什么样的评估原则？
2. 二手车评估师应具备什么样的职业素质？

项目三
二手车静态技术鉴定

学习任务一　车辆外观车漆的检查

检测一辆二手车，首先要检查的是车漆。因为通过车漆的情况可以大致判断一些车况，比如车的新旧、是否有过剐蹭、是否有过撞击事故等。

车辆外观有磕磕碰碰痕迹是经常的事，并不是说外观车漆有损伤就是事故车。**检查外观车漆主要有两个目的：一是从喷过漆的地方发现事故修复的蛛丝马迹，从喷漆点进一步深入检查发现事故的程度；二是价格评估时扣减喷漆的相关费用。**车漆检查内容综述如下。

一、漆面色差检查

迎着光看漆面上是否有褶皱。距离 1m 左右，看漆面有没有褶皱的感觉。因为原车喷漆比修理厂补漆要均匀，所以后补的漆在这种情况下看会有些褶皱的感觉。

通过车身反射光的明暗对比来判断是否喷漆。一般喷漆的地方反射光很暗，但一些高档车都是在厂家指定的特约维修站烤漆，计算机配色、配漆、配亮油，喷漆的质量非常好，不容易观察。对于金属漆，可以检查漆面金属含量的多少。当然，喷漆质量好的车影响不大。喷漆质量不好的车会产生色差，通过仔细观察可以检查出来（图3-1）。

图 3-1　存在明显色差的车辆

注意：检查时要把车辆停放在一个光线明亮的地方，千万别停在地下停车场进行检查（图 3-2）。

二、漆面顺滑性检查

喷漆的最后一道工序是抛光打蜡，经过抛光打蜡的漆面应该是很顺滑的，但抛光时边角往往不太好抛光（图 3-3）。因此这些喷

图 3-2　检查色差时车辆停放在光线明亮处

漆的地方感觉会不顺滑，同时车身的不平整也可以感觉出来。可以用手摸发动机机舱盖和行李舱盖的光滑边，一般喷过漆的发动机机舱盖和行李舱盖靠近玻璃的那个边会有粗糙感，与没补过漆的有很大区别。

如果是整车喷漆，虽然看不出色差，但是在喷漆之前需要把原漆全部用水砂纸打磨，会留下一些细微的痕迹，虽然很难发现，但是看仔细了还是可以看到。而且在烤漆时，施工环境很难保证无尘、无菌，所以在喷漆过程中可能会掺杂一些细小的颗粒，在车面形成麻点（图 3-4），阳光一照，就很容易看得见。

图 3-3　漆面抛光

图 3-4　喷漆留下的麻点

检查方法：仔细观察漆面，距离漆面 20cm 观察，看有没有灰尘、气泡造成的砂眼（图 3-5），如果有，那么几乎可以断定这个板块喷过漆了。如图 3-5 所示，这是喷漆过程中有杂物飞进去造成的鼓包。这些小颗粒被包在了车漆里面，是擦不掉的，如果观察得够仔细还是挺容易发现的。

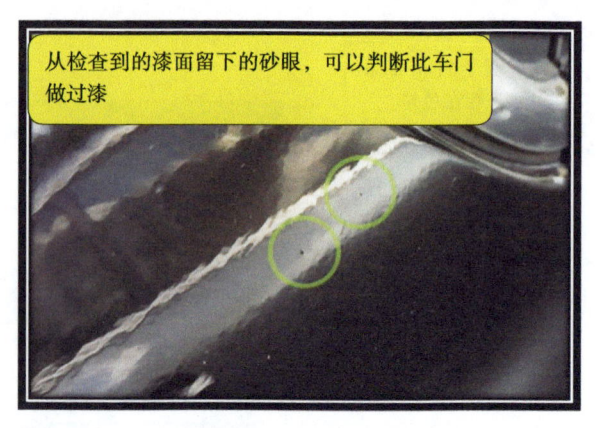

图 3-5　漆面留下砂眼

三、漆面砂纸打磨痕迹检查

刮完腻子用砂纸打磨后，会留有痕迹，有很多或粗或细的条纹（图 3-6），和喷漆周边完好的原车漆部分是不同的（图 3-7）。

图 3-6　喷漆前用砂纸打磨腻子 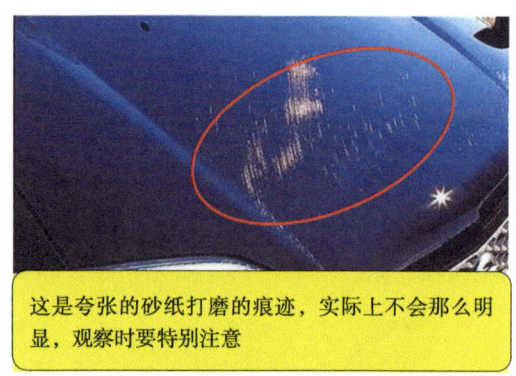　　　　图 3-7　漆面留下的砂纸打磨痕迹

四、敲打法检查漆面

发生过较严重事故的车辆，如果外观件没有更换，就必须经过钣金修复。钣金修复的表面不可能像新件那么平整光滑，所以经过钣金修复的外观件表面必须刮腻子填平，喷漆的厚度也会比较厚（图 3-8）。敲打时声音要低沉一些，特别是喷漆的质量不太好

时，就更明显了。

鉴定二手车时敲打外观件听声音也是鉴定是否喷过漆的一种方法，如图3-9所示。检查方法：在鉴定时，敲击一下车漆面，如果声音发闷，就说明刮的腻子比较厚，可能重新喷过漆了，原车的漆面很薄，发出的声音比较清脆。

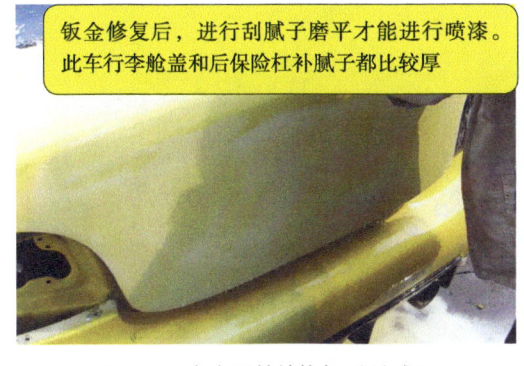

图 3-8　车身覆盖件修复后刮腻子 　　　　图 3-9　敲打车漆表面判断是否喷过漆

五、外观件边沿、装饰条及橡胶密封件留漆检查

事故车辆喷漆时，有些4S店或修理厂为了节省人工，并不完全按照工序进行施工。比如进行车门喷漆时，按工序应该把车门玻璃压条、车门拉手拆下才喷漆，但有些4S店或修理厂并没有这样做，而是直接用遮挡的方法遮挡着车门玻璃压条、车门拉手后直接喷漆（图3-10、图3-11），这样很难做到将遮挡物与车的线条严丝合缝地契合住。因此，在喷漆的时候难免会有一些油漆飞到周围的地方，这样就很容易在车门玻璃压条和车门的接缝处残留油漆痕迹和"流漆"痕迹。

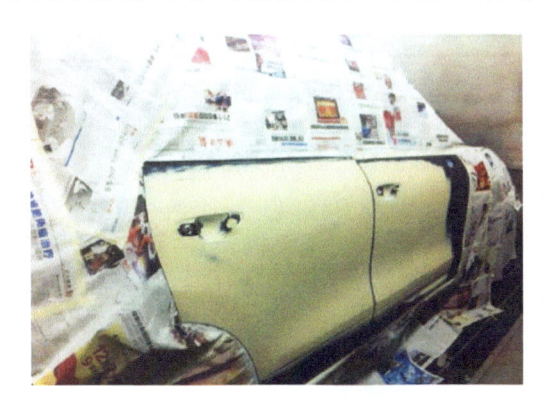

图 3-10　局部喷漆时用报纸遮挡 　　　　图 3-11　局部喷漆时用薄膜遮挡

常见局部喷漆后留漆的部位：

①前保险杠和前照灯接缝处喷漆留下的留漆（图3-12）。说明前保险杠发生过碰撞，要重点检查前部是否发生过严重事故。

②前雷达有挂漆现象。相比原厂的机器人喷漆，人工喷漆通常无法将油漆喷得非常均匀，尤其在这些带有凹凸的地方非常容易留下挂漆的痕迹（图3-13）。这说明前保险杠发生过碰撞，同样要重点检查前部是否发生过事故损伤。

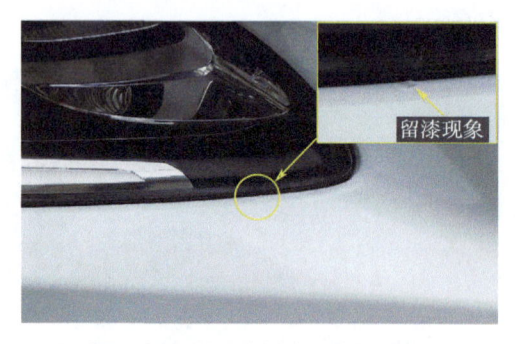

图3-12　前保险杠喷漆时有留漆

图3-13　前雷达有挂漆现象

③车门玻璃压条有留漆（图3-14），这是在喷漆时没有拆下车门压条喷漆留下的残漆。说明车门发生过碰撞，要重点检查车侧面是否发生过严重事故。

④倒车雷达留下残漆。左右两个雷达对比非常明显，左边的倒车雷达留下明显的残漆（图3-15），说明左后保险杠发生过碰撞，要重点检查左后部是否发生过追尾事故。

图3-14　车窗压条在车门喷漆时的留漆

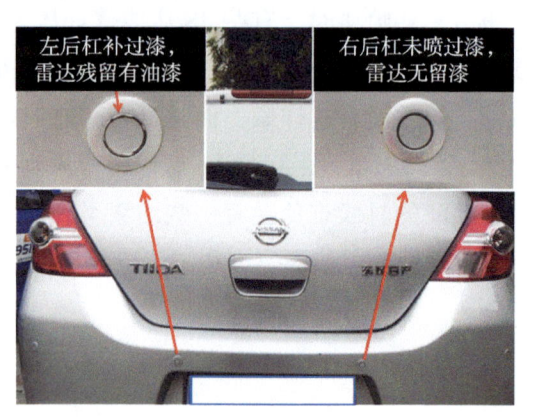

图3-15　倒车雷达留下残漆

⑤发动机舱内翼子板塑料件侧留下残漆（图3-16）。说明翼子板发生过碰撞，要重点检查翼子板侧是否发生过事故损伤。

六、漆面橘皮现象检查

所谓的漆面橘皮，也称为流平不佳。漆膜产生橘皮似的块状效果，如橘子皮表面一样

图3-16　发动机舱内翼子板塑料件侧留下残漆

（图 3-17），主要是由于流平不佳所致。所谓流平不佳，是指喷枪喷出的油漆颗粒经过雾化到达喷涂表面时，相互间不能再流动，从而不能使漆膜表面平滑（图 3-18）。

图 3-17　橘子皮特写

图 3-18　漆面橘皮现象

最好在灯光下观察漆面橘皮，这样漆面反光时就能很容易看得出来（图 3-19）。

车辆在补漆时如果喷涂工艺或烘干期的温度控制不当，就容易产生橘皮现象，这和原厂车漆呈现出的镜面效果对比起来还是比较明显的。

七、漆膜厚度检测仪检测车漆

图 3-19　灯光下观察漆面橘皮

新车的漆面都是生产线自动化喷涂的，而且是在非常干净的无尘车间里进行的，因此漆膜的厚度会很均匀，不会出现大的差别。而车辆局部受损后人工喷涂的油漆，不可能做到与原厂喷漆的厚度相当。再加上如果存在钣金等修复，漆面和金属之间还有涂抹腻子等，漆膜的厚度会更大。

漆膜厚度检测仪是检测车体漆膜厚度的仪器，通过测试漆膜厚度，来判定车辆是否存在钣金或者喷漆的现象。**新型的漆膜厚度检测仪可以检测基材所用材料（图 3-20），这是鉴定精修车的必备工具。**

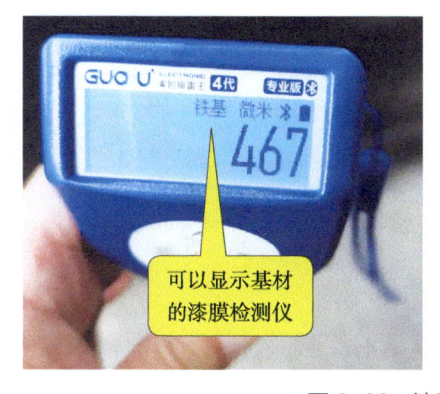

图 3-20　漆膜厚度检测仪

1. 检测方法

在检测中，**一般以汽车车顶作为基准**，如果其他部位数值明显高于基准数值，则车辆该部位可以判定进行过钣金、喷漆修整。在二手车鉴定过程中，如果检测师发现数值与基准数值差数非常大，则会进一步检查车辆该处是否存在事故痕迹，判定是否为事故车。一般情况下，原厂漆面正常厚度在80~150μm之间（图3-21）；经过喷漆修复后在200μm以上（图3-22）；而如果钣金修复过，由于多了一层厚厚的腻子，漆面厚度可以达到300μm以上（图3-23）。

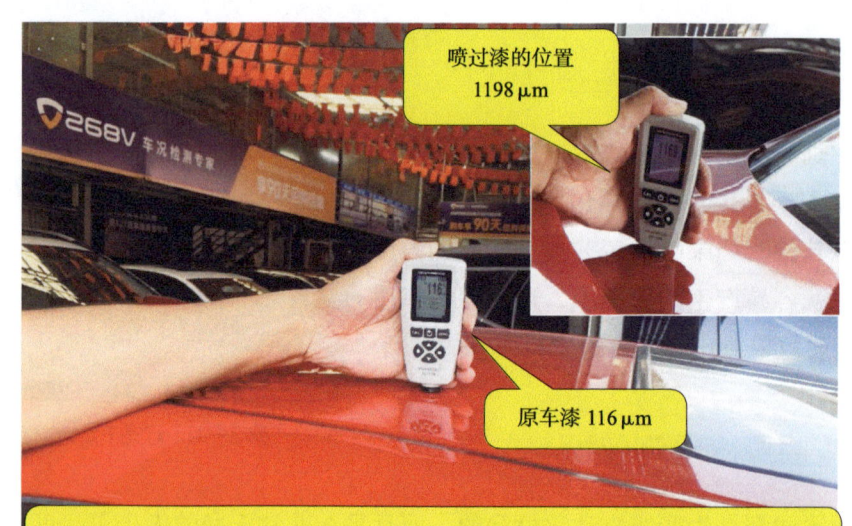

> 喷过漆的位置 1198μm
>
> 原车漆 116μm
>
> 利用漆面厚度检测仪可以检测出车身漆面不同位置的厚度，用测出的厚度和原厂厚度数据进行比对，我们可以判断出车身哪些部位补过漆，这也是初期筛查车辆是否有过碰撞的方法

图 3-21　漆面检测仪的使用

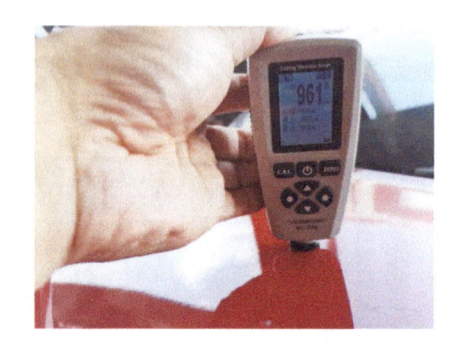

图 3-22　喷漆后的检测值 231μm　　图 3-23　钣金修复右前翼子板漆面厚度为 961μm

2. 使用漆面检测仪检测事故车的步骤

①从车顶收集基准数值。因为不同品牌车辆的漆膜厚度均不相同，在检测时，首先是采集该车的漆膜基准数值（图3-24）。

图 3-24　采集漆膜基准数值

该车的漆面厚度基本数值在 140 μm 左右，如果车体其他部位的漆膜厚度与此近似或在此值以内，都说明没有问题。

②发动机舱盖漆面的检测。车辆发生前部碰撞和后部追尾事故往往比较多，发动机舱盖漆面的检测放在重要的位置（图 3-25）。

图 3-25　发动机舱盖漆面的检测

发动机舱盖漆膜都在基数范围内，说明该车前部没有钣金或喷漆修复现象。当然，还需要检测接合部位，如内部的螺钉是否拆装过等，以判断是否更换了发动机舱盖。

③行李舱盖漆面的检测。从车辆行李舱盖和后端的漆面检测结果看，漆膜厚度也在基准范围内，因此也可判断该车尾部没有钣金或喷漆的历史（图 3-26）。

图 3-26　行李舱盖漆面的检测

④车门漆面的检测。车门漆面的检测是判断侧面是否经历过侧面碰撞的依据之一（图 3-27）。

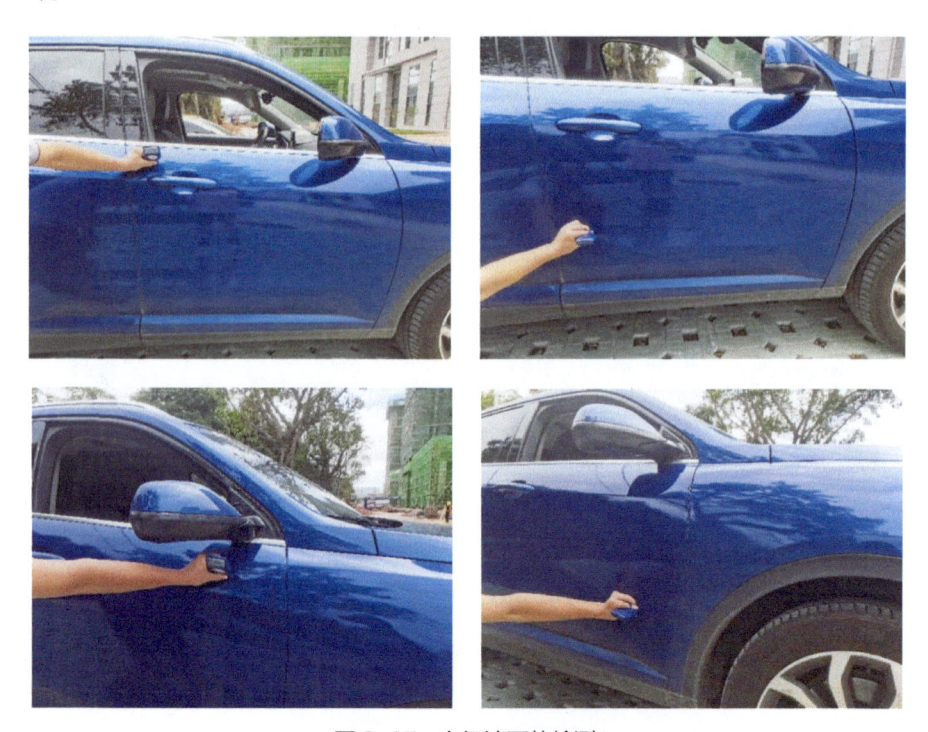

图 3-27　车门漆面的检测

⑤ A、B、C 柱漆面的检测。车体 A、B、C 柱的检测，是判断事故车的重要指标（图 3-28）。如果 A、B、C 柱有钣金或补漆等修复痕迹，说明车辆存在发生过重大事故的嫌疑，应对车辆底盘和前后侧梁做进一步的检测。

图 3-28　A、B、C 柱漆面的检测

3. 使用漆膜厚度检测仪检测事故车案例

图 3-29 所示为一辆右后翼子板事故受损的陆虎发现 SUV，经修复喷漆后用肉眼无法鉴定该车辆是否更换过后翼子板（图 3-30）。

图 3-29　陆虎发现 SUV 事故更换右后翼子板

修复喷漆后，用肉眼无法辨认后翼子板是否更换

图 3-30　修复喷漆后的陆虎发现 SUV

作为一名专业二手车鉴定评估师，必须具备一定的汽车结构、事故维修知识，比如轿车、SUV 的后翼子板、车顶、A 柱、B 柱、C 柱、减振器座、底大边等车身结构件是如何更换的，在哪个位置切割，又是怎么焊上去的。特别是对切割的位置要十分清楚（图 3-31），这样在鉴定二手车时才能准确把握重点检测部位（图 3-32），再使用漆膜厚度检测仪对切割位置准确检测。

三角窗和右后门焊口位置，没有做精细打磨

右后门框焊口位置，没有做精细打磨

图 3-31　切割焊接位置

用漆膜仪检测非焊口位置，数值只有 106μm

用漆膜仪检测焊口位置，数值达 967μm

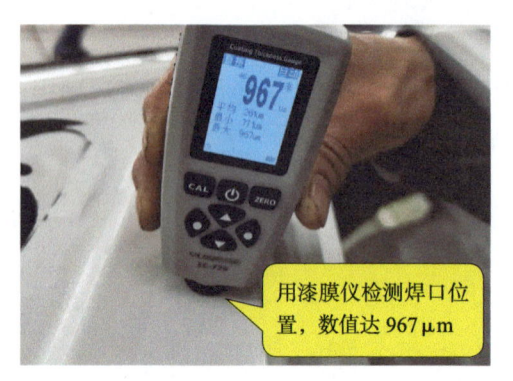

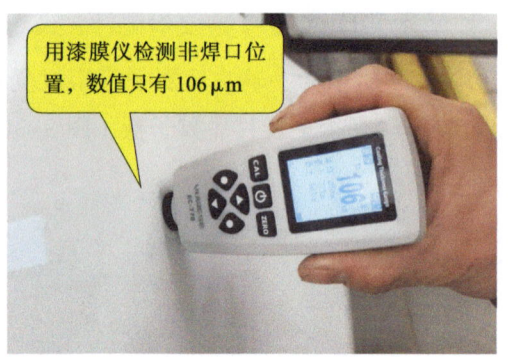

图 3-32　用漆膜仪检测焊口位置和非切割位置

在使用漆膜厚度检测仪检测事故车时，每一幅漆面都要进行检测。检测到漆面厚度与基准大很多，那是因为事故变形进行修复需刮腻子填平以后才喷漆。但有些是整幅更换的，检测漆面和基准差不多。如果没有检测到切割焊接口，会造成误判，以为没有事故修复，事实上事故比较严重，是整幅更换了新件。

八、利用油箱盖进行辅助判断

汽车的油箱盖是事故车辆喷漆调漆的样板，需要调漆时会把油箱盖拆下来，根据上面的漆色调配油漆，这样喷出来的漆就很难发现色差。检查二手车是否喷过漆时，应检查油箱盖的固定螺栓有没有被拧过（图 3-33），如果有，那就要特

图 3-33　检查油箱盖是否拧动过

别注意。

> **总结**：检查色差、挂漆、补漆等痕迹，车漆橘皮、飞漆、腻子痕迹、车漆里的砂眼，这些都是一个有经验的二手车鉴定评估师去推断漆面情况的线索。同样地，线索越多位置越集中，推断的结果就越准确。当然，车漆的好坏并不能完全反映车况的优劣，鉴定师更多是通过车漆的情况来大致估量一下车况，然后从不同位置的喷漆情况来推断车辆可能经受过的擦碰或撞击情况，进而对该位置附近的更多部位，尤其是关键质量特性区域进行更细致的检查，以准确地判断车况。

九、识别改色车

一般来说，改色车是不会对车辆正常行驶产生很大影响的，但是也要看是怎么改的。如果仅仅是外观改色（图 3-34），发动机舱及内饰地板不改的话还好，因为不需要拆内饰和发动机。如果是连发动机舱都改了颜色的话，因为需要拆掉所有的内饰，很可能在装回时达不到原来的精度，在日后行驶时内饰容易出现异响。

图 3-34 银色雨燕改成红色

检查改色车可以从以下几个部位进行检查。

1. 检查车门框判断改色车

识别改色车最简单的办法就是通过观察密封胶条内的色差及喷漆痕迹来判断，拉开车门密封条，观察门框的颜色（图 3-35）。

2. 检查发动机舱盖判断改色车

在改色时会把发动机舱盖拆下进行喷漆，但发动机舱盖铰链一般不喷（图 3-36），检测发动机舱盖铰链很容易发现原车漆颜色，据判断此车为改色车。

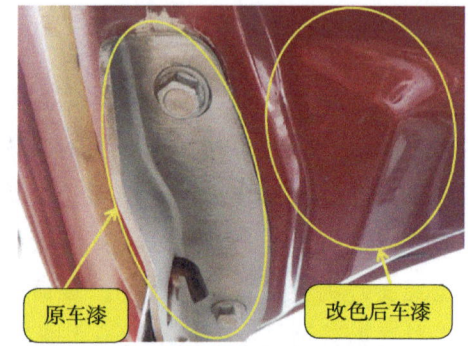

图 3-35　拉开车门密封条露出了原来的颜色　　图 3-36　发动机舱盖铰链和发动机舱盖颜色比对

3. 检查减振器座判断改色车

在改色时减振器座一般不会喷漆，还是保留原来的车漆颜色（图 3-37），据此很容易判断此车为改色车。

图 3-37　检查减振器座颜色

4. 检查车辆铭牌判断改色车

改色喷漆时，一般车辆铭牌不会拆下，会用报纸遮盖，在铭牌的边缘会看到原车漆颜色（图 3-38）。

5. 检查天窗（如果带有天窗）判断改色车

将天窗完全打开，通过观察天窗滑轨内侧的颜色来判断车辆是否是改色车。因为天窗滑轨内侧的夹层很深，里面的颜色都是汽车厂商在制造汽车时单独喷上的，后期改色很难做到将颜色均匀地喷到里面。只要是改色的车，就会有色差和喷涂精度的问题（图 3-39）。

项目三 二手车静态技术鉴定

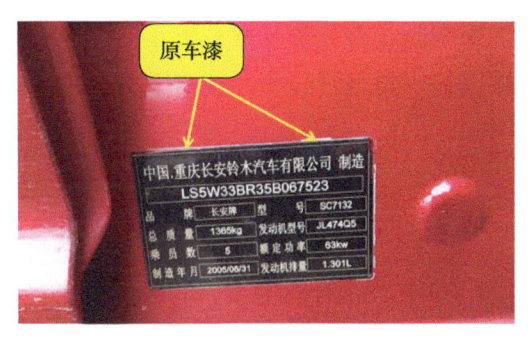

图 3-38 检查车铭牌

图 3-39 检查天窗判断改色车

特别提醒：检查漆面时，可以通过看、摸、敲、专业工具进行检测。看、摸、敲的方法需要丰富的实践经验。随着汽车美容技术的发展，单凭经验无法准确做出判断，所以一定要配合专业的检测工具。有些二手者从业者痴迷自己的经验，不与时俱进，对采用新技术新工艺喷漆的车辆是无法准确检测的，大家要相信科学检测手段。

学习任务二　车身外观检查

一般的乘用车（轿车）车身都是由 13 块覆盖件（钣金件）拼成的，包括：前保险杠、左右前翼子板、发动机机舱盖、车顶、四个车门、左右后翼子板、行李舱盖、后保险杠。每一辆车刚生产出来的时候，这十三块板之间的缝隙是均匀并且一致的，可以保证车辆看起来美观、协调（图 3-40）。

一旦有过撞击，车身边缝就会有褶皱、断裂等变化，想要恢复出厂设置是很难的。对车身的缝隙检查主要有两点：一是看边缝大小是否均匀（图 3-41）、左右是否一致，二是看车漆颜色是否一致。

图 3-40 车辆外观图

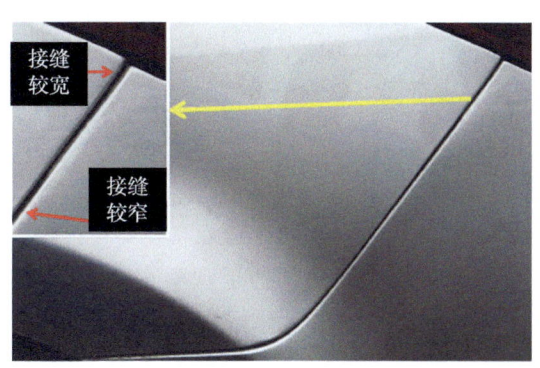

图 3-41 缝隙的检查

077

一个有经验的二手车鉴定人员，在鉴定二手车时，首先是扫视一下车的整体，看整车的规整度。二是检查车的轮廓线条是不是顺滑，棱角是否分明，车身腰线是否有高低错位，车体是否对称。

一、整车方正的检查

检查时，把车停放在一个光线明亮的地方，站在车的正前方观察车的方正情况（图3-42）。如果车辆存在过碰撞修复，那么很多地方的缝隙就会出现左右不对称的情况；如果是喷漆修复，由于喷漆时颜色调配不一致，也会出现明显色差，影响人的美观感受，即，感觉看着不舒服。

图3-42　看整体规整度

二、车身曲线的检查

一般情况下，车身正面、侧面如果没有受到过撞击，它的前脸线条（图3-43）、车身腰线会是非常流畅的（图3-44）。如果腰线不流畅或者钣金件之间产生高度落差，那么很可能车辆是被撞过的。

图3-43　线、面的检查

图3-44　车身腰线的检查

观察侧面最主要的是观察车身的腰线，其次是观察车门底部边线。正常情况下，这些线条出厂时都应该是持平的，如果遭受过撞击、修复调整，那么因为车门调整的原因，这些线条就会出现不齐的瑕疵。

三、车身缝隙的检查

1）发动机舱与前翼子板、前照灯、前保险杠缝隙的检查（图 3-45）。无事故车辆缝隙应左右对称、均匀、流畅、无留漆（图 3-46）。发生过事故的车，如果调整不好，缝隙会大小不一，左右不对称（图 3-47）。

图 3-45 发动机舱盖与前翼子板、前照灯缝隙的检查

图 3-46 没有事故的发动机舱盖与前照灯缝隙均匀、平整

2）车门与车门、车门与前翼子板、车门与后翼子板缝隙的检查。缝隙应左右对称、均匀、流畅、无留漆（图 3-48）。

图 3-47 发生过事故的前照灯与前翼子板缝隙不均匀

图 3-48 车门缝隙的检查

①前车门与前翼子板缝隙的检查（图 3-49）。

前翼子板与前车门缝隙，大小整齐一致，车门玻璃压条、后视镜边缘没有留漆，可以判断这一部位没有发生过碰撞。

②前车门与后车门之间缝隙的检查。没有发生过撞击事故的前、后车门之间缝隙应大小均匀整齐，左右对称（图 3-50）。

③后车门与后翼子板缝隙的检查。没有事故，后车门与后翼子板缝隙应均匀整齐（图 3-51），发生过事故的车，缝隙大小不一（图 3-52）。

图 3-49 前车门与前翼子板缝隙的检查（前翼子板与前车门缝隙，大小整齐一致，车门玻璃压条、后视镜边缘没有留漆，可以判断这一部位没有发生过碰撞）

图 3-50 前后车门之间缝隙检查（没有发生过碰撞的前、后车门，门缝间隙均匀整齐，左右对称）

图 3-51 后车门与后翼子板缝隙的检查（没有发生过碰撞的后车门与后翼子板，缝隙均匀整齐）

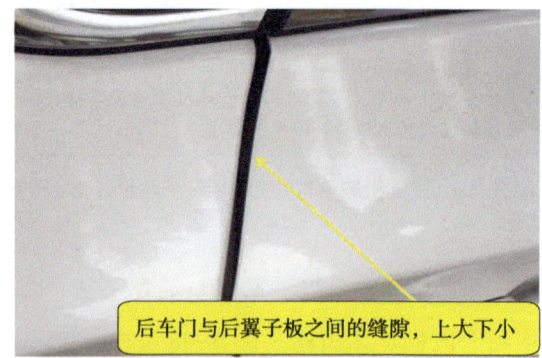

图 3-52 事故修复调整后车门与后翼子板缝隙大小不一（后车门与后翼子板之间的缝隙，上大下小）

④车门外部密封条的缝隙的检查。观察车门外部密封条的缝隙是否整齐划一，也是判断车辆侧面是否发生过碰撞的依据。如果密封条的缝隙不协调，或者一段齐，一段不齐，那么很可能车门是修复过的（图 3-53）。

图 3-53 车门外部密封条的缝隙的检查（前半截的密封条缝隙比较整齐；后半截出现明显的缝隙不齐）

3）后翼子板与后保险杠、后翼子板与行李舱盖、行李舱盖与后保险杠缝隙的检查。缝隙应左右对称、均匀、流畅、无留漆（图 3-54）。发生过追尾事故的车辆，如果缝隙调整不好，就会出现大小不一的现象（图 3-55、图 3-56）。

图 3-54　车辆尾部缝隙的检查

图 3-55　后保险杠与后翼子板缝隙大小不一并有留漆

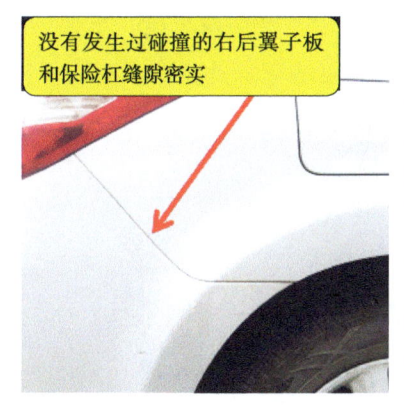

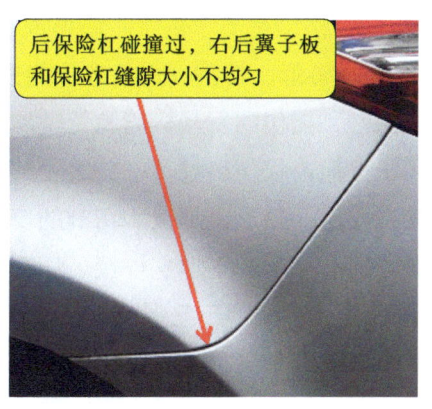

图 3-56　没有发生过碰撞和发生过碰撞的后保险杠的缝隙对比

如果不知道原车状态，也可以左右两侧对比着来看。图 3-57 所示的这辆车右后尾灯的缝隙明显比左后尾灯大得多，说明是维修安装调整不到位所致的。

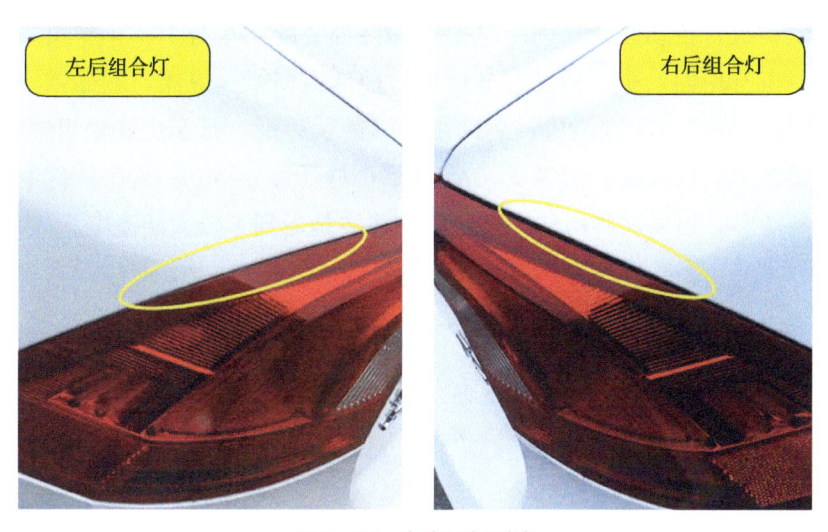

图 3-57　左右尾灯对比

学习任务三　车身结构件的检查

在购买二手车时，人们最担心买到事故车。那什么样的车才算事故车，是不是喷过漆的车就是事故车呢？答案是否定的。

事故车是指由非自然损耗的事故造成车辆伤损，导致机械性能、经济价值下降的车辆称为事故车。二手车鉴定中的"事故车"，一般是指经过碰撞、维修不当、使用不当等外力作用因素，造成车辆结构件和加强件发生的变形、扭曲、切割、焊接、褶皱、钣金（修复），且降低车辆结构件和加强件的刚度和强度的车辆。同时，泡水车、火烧车等也都属于"特殊事故车"这一类。

所谓结构性损伤，是当车辆发生碰撞或者损坏后，会伤及车梁，车架，A、B、C柱等部位，需要经过整形、切割、焊接等才能进行修复的车。此类车具有以下特征。

1）经过撞击，损伤到发动机舱和驾驶舱的车辆。
2）后翼子板撞击损伤超过其三分之一的车辆。
3）纵梁有变形、整形、焊接、切割的车辆。
4）减振器座有变形、整形、焊接、切割的车辆。
5）A、B、C柱有变形、整形、焊接、切割的车辆。
6）因撞击造成汽车安全气囊弹出的车辆。
7）车身不可拆卸部分有严重变形、整形、焊接、切割的车辆。
8）车身经水浸泡超过车身二分之一，或积水进入驾驶舱座位以上的车辆。
9）车身经火焚烧超过 $0.5m^2$，经修复仍存在安全隐患的车辆。

现代轿车大部分都是采用承载式车身结构，汽车的整个车身是一体的，没有贯穿整体的大梁，发动机、传动系统、前后悬架等部件都装配到车身上，车身负载通过悬架装置传给车轮。车身由前、中、后三部分组成。前部由横梁、纵梁、减振器座组成；中部由A、B、C柱，底板，车顶组成；后部由后纵梁、后围、行李舱底板组成（图3-58）。车身构件主要受力部件是前、后纵梁，A、B、C柱（图3-59）。这些构件的强度也是最高的，不容易变形。如果这些构件产生变形，往往是受到了较大的撞击。

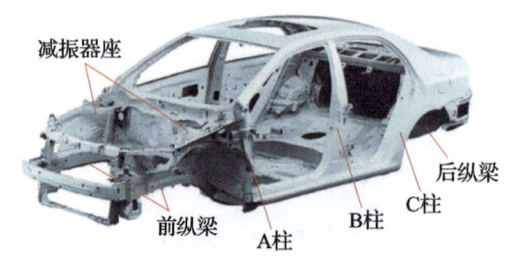

图3-58　轿车车身结构示意图

图3-59　车身骨架强度示意图

对于一辆车来说，车架就和人的骨架是一样的，一辆车的车架有过损伤，就好比一个人"伤筋动骨"，那就称不上是一辆"健康"的车了，而是变成了事故车。检查一辆二手车是不是事故车，主要检查车身骨架有没有损伤。主要检查前、后纵梁，减振器座，A、B、C柱有没有受到过撞击损伤。

一、前后纵梁的检查

前纵梁由两根位于两边的纵梁组合而成，主要是承载发动机（图3-60）。纵梁多用低合金钢板冲压成，断面为槽形或工字形。为了分散吸收事故撞击的能量，车辆的纵梁前方属于吸能区，吸能区上有溃缩引导槽（图3-61），吸能区一旦发生碰撞就会产生溃缩，在溃缩引导槽处会留下明显的折痕，即使修复后也很容易看出来，所以查看前纵梁是排查事故车的重要方法。

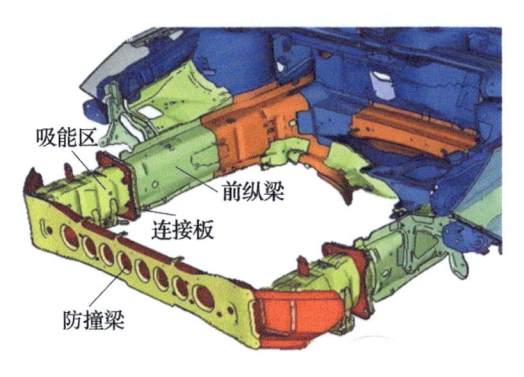

图3-60　车身纵梁结构示意图　　图3-61　车身纵梁实物图

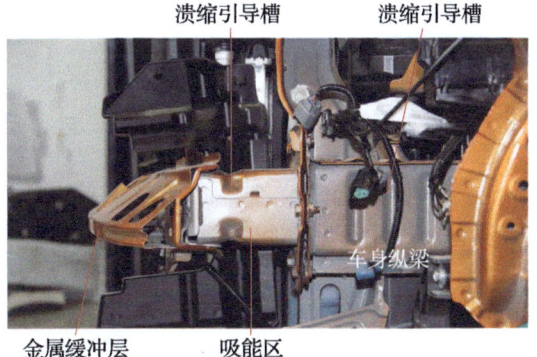

车辆纵梁在小事故中受伤的概率比较小，如果一辆车的纵梁受损变形，那么这辆车一定经受过不小的事故。车辆前纵梁一旦发生碰撞就会产生溃缩，修复后也能检测出来。对吸能区来说，它的破损并不影响汽车本身的安全性，因为这是可以更换的（图3-62）。

图3-62　防撞梁和吸能区事故修复留下的痕迹

但是如果伤及纵梁，造成了纵梁溃缩，那么此车就可以认定为大事故车。因为纵梁的维修只能通过钣金、甚至需要重新切割焊接进行修复。

纵梁的检测方法有两种，一种是检查纵梁是否有钣金修复痕迹，另一种是看有没有局部的生锈。

钣金修复痕迹：纵梁如果有过事故挤压，那纵梁必然会有扭曲或者变形破损的痕迹（图 3-63）。变形较轻时通过钣金修复，变形严重时需要更换，纵梁凡是经过钣金修复的可定性为大事故车。图 3-64 所示为横梁受损严重，但纵梁没有损伤，不算事故车。

图 3-63 事故造成的纵梁严重损伤

生锈：纵梁生锈，在年限比较长的车辆上很常见，不过，一般年限不长的车不会有局部生锈的情况产生。而纵梁受伤的车大多会产生局部生锈现象（图 3-65）。

图 3-64 事故造成横梁变形　　　　图 3-65 钣金修复过的纵梁

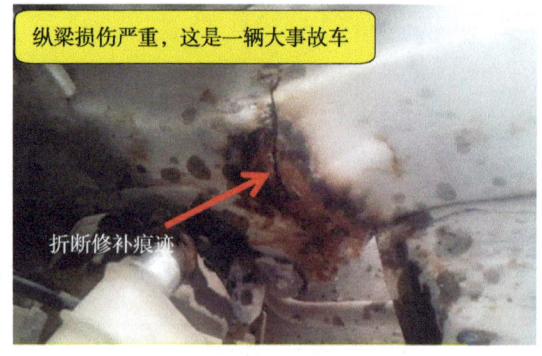

1. 观察梁头是否有变形

梁头有不正常的褶皱和凹坑（图 3-66），梁头螺栓也拧过了，这是纵梁受损的表现。

> **特别提醒**：在检查梁头时要注意左右的对称性。如果发现两个凹坑，或者弯曲是对应存在的，那么很有可能是原厂设计的。不能算事故，不要盲目下结论，以免误判。

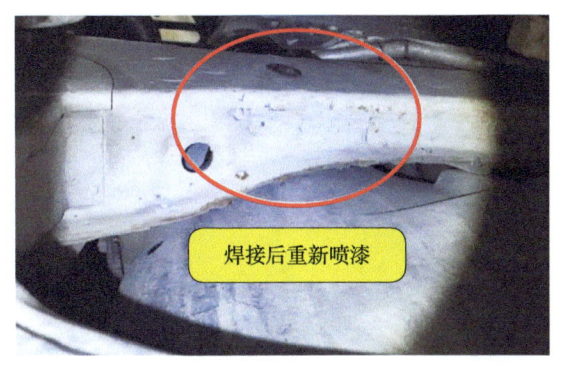

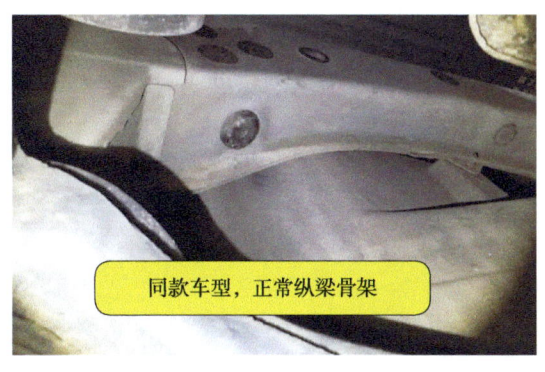

图 3-66 检查梁体是否有受损修复的痕迹

同样看褶皱的还有梁身的部分（图 3-67），要顺着梁体一点不能放过。正常原厂应该是严丝合缝的，如果发现有开裂的迹象，或者不规则的褶皱，最好把车举升起来做更细致的检查。

2. 观察梁体及轮旋是否有裂隙，焊点是否一致

如果发生严重事故，纵梁在修复时会进行烧焊，烧焊的痕迹是非常明显的（图 3-68），所以看起来也直观。至于一些振裂的位置，如果细致观察，一定会被发现。

图 3-67 检查梁身是否受损

按照经验，如果发生撞击，容易被撕裂的地方都是结合处，检查时就用简单模式来查找问题。把车举升起来，特别检查轮旋的部位（图 3-69），严丝合缝的地方发生事故时容易被振裂。

图 3-68 纵梁修复时留下的烧焊痕迹

图 3-69 轮旋的部位检查

3. 后纵梁的检查，主要是检查梁体是否有变形生锈

后纵梁设计时，为了分散事故撞击时的能量，设计了一些溃缩引导点（图 3-70）。

在发生撞击时，溃缩引导点就会发生变形。严重的事故会导致梁体变形（图3-71、图3-72），这可定性为事故车。

图3-70　后纵梁结构示意图

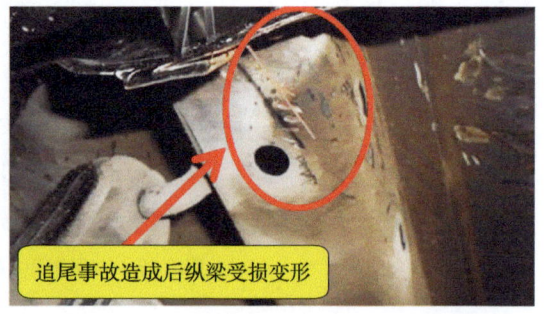

图3-71　后纵梁头事故受损变形示意图

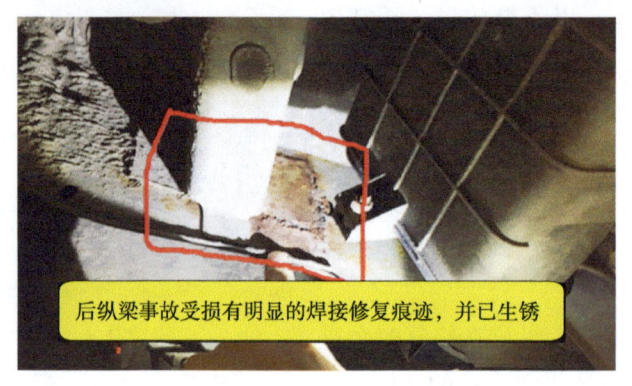

图3-72　后纵梁事故受损变形示意图

二、A、B、C柱的检查

汽车重要的骨架（A、B、C柱）以及底大边的检查是鉴别一辆车是否为事故车的重要依据。其实，A、B、C柱不仅起到支撑车顶的作用（图3-73），更为重要的是，在车辆翻滚或者倾覆时对车内人员起到保护作用。A、B、C柱一旦在事故中受伤变形，那么这辆车就属于大事故车范畴了，与报废几乎没有区别。而对车底大边的检查是发现车辆有没有拖底以及切割的重要依据。

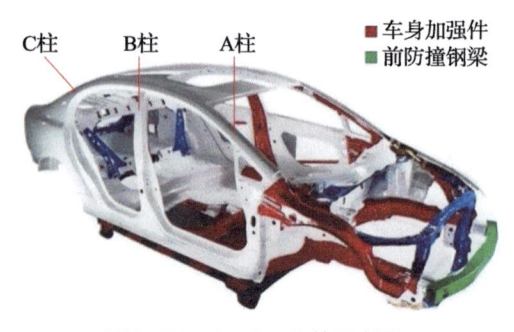

图3-73　A、B、C柱示意图

1. A柱及车门的检查

由于A、B、C柱对于车身安全性以及车辆刚性起到至关重要的作用，并且A、B、C柱在修复完成之后也比较隐蔽，因此在检查的时候一定要擦亮双眼。首先检查A柱，由于A柱比较靠前，当车辆受到前方严重撞击或者侧方撞击时，A柱很有可能发生变形。

对于A柱的事故检查要内外结合着来看，首先看A柱外表是否有明显的凹凸现象或者有重新刮腻子的痕迹或补过漆；其次就是要打开A柱下方的密封条，观察密封条里的框架与激光焊点是否规整，原厂的焊点是圆形和凹陷的（图3-74）。如果发现金属框架与焊点有钣金修复的迹象，焊点也不平整或者没有这些焊点，有可能是事故修复后用腻子填平了（图3-75），可以判断这辆车的A柱有可能受过撞击。

图3-74　车门框上原厂焊点示意图 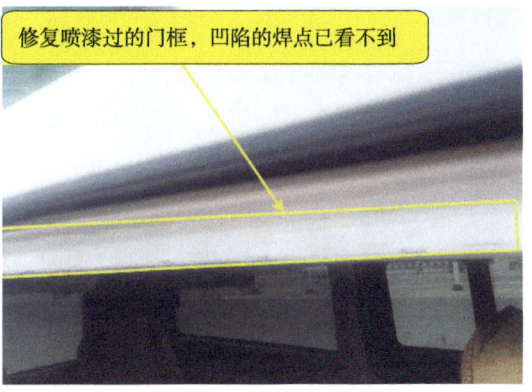　　　　图3-75　事故修复后用腻子填平焊点示意图

除了常规检查方法检查A柱焊点判断是否为事故车外，还可以使用漆膜厚度仪检查A柱是否重新喷过漆进行判断（图3-76），检测的车辆漆膜厚度达1286μm，可以判断A柱重新喷过漆，那么就要重点检查A柱是否发生过严重撞击了。

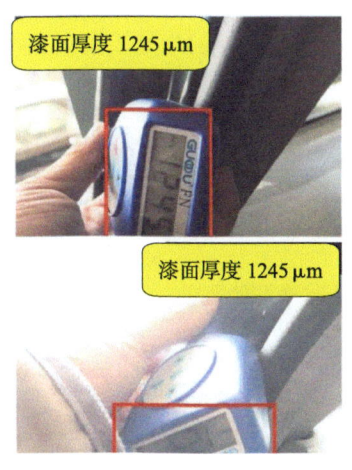

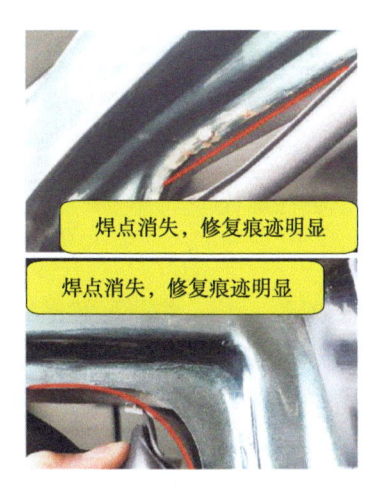

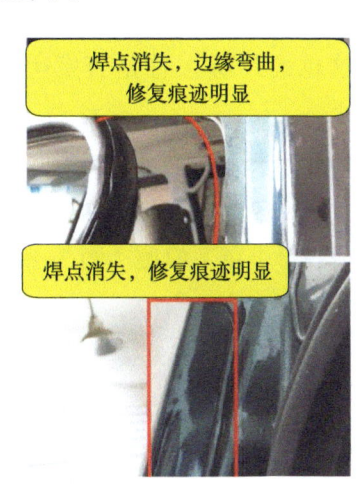

图3-76　使用漆膜厚度仪检查A柱示意图

有些严重事故车辆，单看门框上的焊点可能判断不出是否是事故车，因为A柱变形严重，A柱可能更换了新件，那这些车又应该怎样检查呢？

一是要重点检查A柱切割的位置，因为切割后一定要焊接，在焊接的地方肯定留下痕迹。二是检查 A 柱相邻部位翼子板内骨。多部位结合检查，肯定会发现事故修复的痕迹。

如图 3-77 所示，该车侧面发生严重的事故，右侧 A 柱、翼子板内骨都已更换新件，在更换时进行了切割和焊补。在二手车鉴定时找准切割点进行检查，肯定会发现事故修复的痕迹。检查的技巧是从切割位置进行检查，用漆膜厚度检测仪测量切割位置的漆膜厚度，厚度要比旁边的厚。

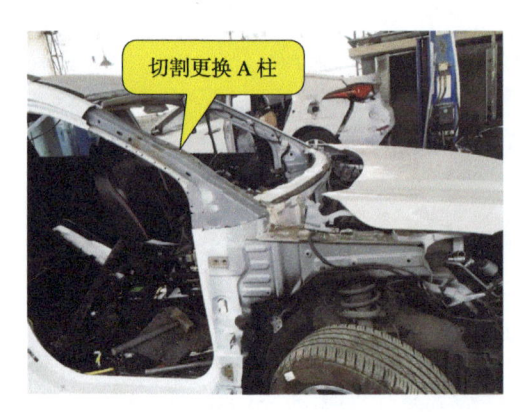

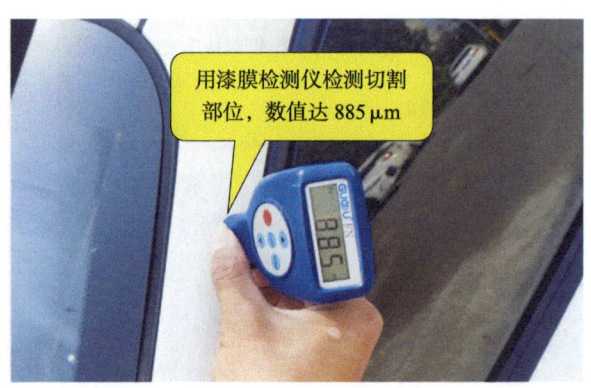

图 3-77 A 柱切割更换后的检测

除了检查 A 柱上的焊点外，还要检查柱子上的螺栓是否被拧动过。拧动过的螺栓会在螺栓头或螺母上留有痕迹（图 3-78）。顺便检查车门是否拆装更换过，这也是判断 A 柱是否发生过事故的依据之一。

打开车门，检查车门合页及固定螺栓（图 3-79）。如果螺栓被拧动过，会在螺栓或螺母上留下痕迹（图 3-80）。

图 3-78 检查 A 柱上的螺栓是否被拧动过

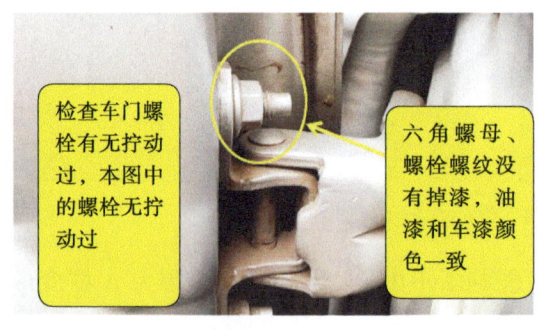

图 3-79 检查车门合页、螺栓是否被拧动过

图 3-80 车门螺栓拧动过痕迹示意图

仅凭车门螺栓的拧动痕迹不能证明车门就是更换过的，也可能是因为需要钣金喷漆而拆卸，还要通过检查车门胶条来判断车门是否更换过。正常情况下，原车门都是由机器打胶条，所以会非常平整、顺畅（图3-81）。而后换的车门都是由人工打胶，看上去会非常不均匀，摸起来也会稍软一些。

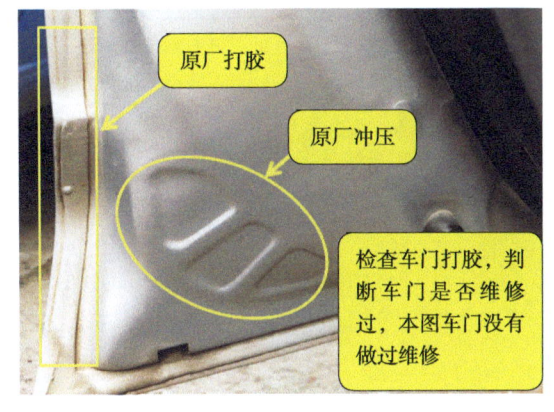

图3-81 原厂车门打胶示意图

如果发现车门打胶不平整、颜色与车门颜色不一样，那基本可以判定这个车门是修复过的，甚至可能是更换过了。

一般来说，如果车辆的侧面没有受到过碰撞，你在关门的时候，车门会很顺畅地关闭。如果车门被修复过，在车门自然关闭的过程中会有关门不顺畅或者关不严的情况，甚至还会出现车门关上了，但是车门和门框却存在落差的情况。因此可以通过开关车门的顺畅、关门的声音的厚重判断车门是否维修过（图3-82）。如果车门被更换过，你也是可以在车门边缘及门框部分找到喷漆修补的痕迹的。

图3-82 来回开关车门检查车门顺畅性

2.B 柱的检查

B 柱的检查和 A 柱差不多，都要检查密封条下的金属框架与激光焊点，修复过的都会留下痕迹（图 3-83）。还可以配合漆膜厚度仪进行检查，图 3-84 所示的车辆漆膜厚度 949μm，说明补过漆。

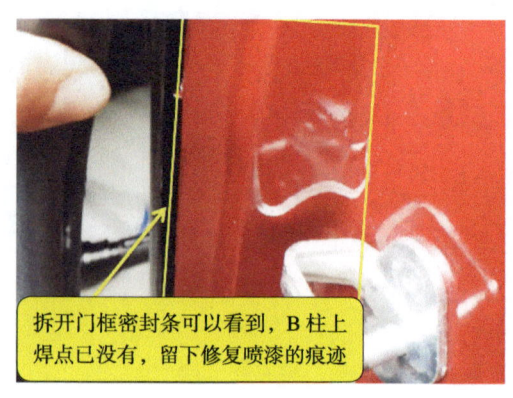

图 3-83　B 柱修复示意图

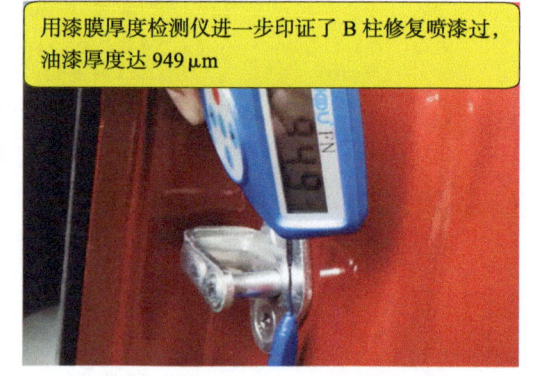

图 3-84　使用漆膜仪检查 B 柱示意图

检查 B 柱时，要特别注意检查中间位置的铰链部分。打开前车门的时候就可以看到 B 柱中间位置的铰链，因为一旦车辆受到来自侧面的撞击造成 B 柱变形，这个位置的铰链也一定会发生变形，严重的甚至要切割更换（图 3-85）。

图 3-85　B 柱切割痕迹示意图

另外有一个小窍门，由于 B 柱上的这个铰链属于十分隐蔽的位置，长时间下来铰链内侧都会有积土痕迹，如果您在检查时发现铰链十分新，漆面也十分光亮（与外观车漆几乎相同），那么这个铰链也有可能是新换的。

判断 B 柱有没有修复过，还有一个方法：检查 B 柱上的轮胎气压提示标贴或名牌（图 3-86）是否还存在，因为这些标贴都是一次性标贴，修复过后就不会存在。这也是判断 B 柱是否修复过的一个依据。

同样还是车身侧面，通过观察锁具部分是否有位移的痕迹和喷漆修补的痕迹（图 3-87），可以判断车门部分是否被修理过。一般只有侧面受到严重的碰撞后才会修理这个部分，尤其是喷过漆的。

图 3-86　B 柱上轮胎气压标贴示意图

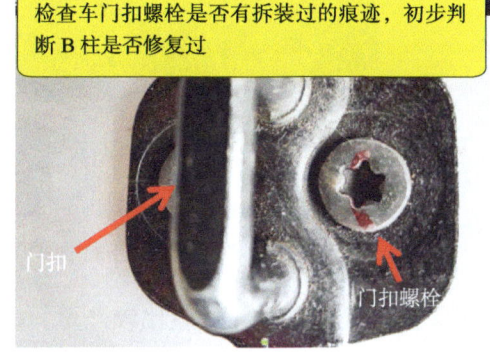

图 3-87　B 柱锁扣示意图

3.C 柱的检查

C 柱位于车辆的后方，当车辆受到来自后方或者侧后方的撞击时，C 柱极容易受到损伤变形（图 3-88）。对于 C 柱的检查也比较"特别"，除了正常的检查外，最主要的一项就是打开行李舱盖查看行李舱两侧上的金属框架是否有变形或者钣金修复的迹象。其次查看这里的激光焊点是否规整。如果发现框架有钣金的迹象，焊点并不规整，那么很有可能这辆车受到过来自于后方的撞击，有可能伤及 C 柱。另外在检查时，可以用手指甲掐一掐左右翼子板后端内侧的胶条，看下胶质是否均匀完整，有没有龟裂的情况。如果发现了胶质有断裂或者重新涂抹的痕迹，那么也有可能是 C 柱受伤修复之后造成的（图 3-89）。

图 3-88　原厂 C 柱和修复过的 C 柱对比示意图

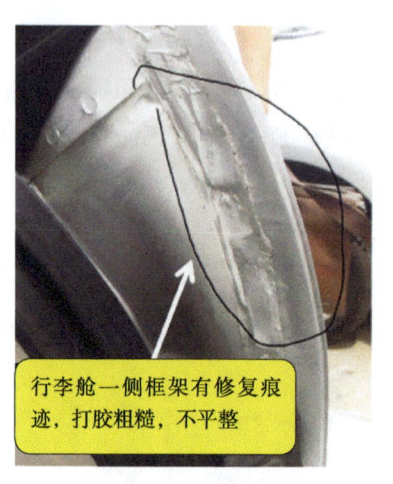

行李舱一侧框架有修复痕迹，打胶粗糙，不平整

行李舱一侧框架没有修复过，焊点清晰

图 3-89　原厂行李舱框架和修复过的行李舱框架对比示意图

如果侧面碰撞或后部碰撞比较严重，C 柱就有可能需要更换（图 3-90）。单从行李舱框架、C 柱焊点可能无法判断 C 柱是否修复过，因为更换后焊点和原厂差不多。这时候就要重点检查切割位置的焊接情况（图 3-91），另外就是重点检查行李舱框架的打胶情况（图 3-89）。切割后再焊接就不会有原厂凹陷的焊点，行李舱框架的打胶和原厂相比会显得比较粗糙且不平整。

轩逸轿车更换后翼子板切割位置

陆虎更换后翼子板切割焊接位置

图 3-90　C 柱更换切割示意图

4. 底大边的检查

在查看底大边时，最主要的还是看激光焊点。因为车辆在切割的时候肯定会触及这些激光焊点，主要是看这些焊点是否规整均匀，如果发现焊点模糊不清，或者底大边有明显的焊接痕迹，那么这辆车的底大边肯定被切割过（图 3-92）。

> ❗ **特别提醒**：车辆结构件的检查是车辆是否判定为事故车的重要依据，检测时需要过硬的技能。检测者一定要科学、严谨，通过各种技术手段进行全面的检测，得出的结论一定要经得起检验。另外，作为二手车从业者，检测报告一定要实事求是，不能为了利益违背职业道德，乱下结论。

项目三 二手车静态技术鉴定

图 3-91 C柱更换切割、敲击痕迹示意图

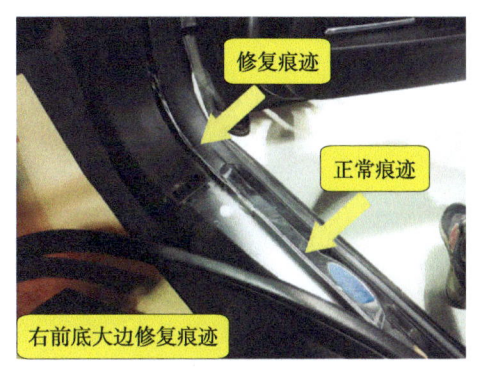

图 3-92 底大边修复

学习任务四　车辆内饰的检查

车辆内饰的检查主要包含座椅、转向盘、仪表板、门饰板、车顶饰板、地毯等的检查（图 3-93），通过检查这些部件的整洁度、干净度、新旧程度、磨损状况，以及有无破损、更换或拆装过，车内自带的靠枕、饰件是否齐全，各个开关操控是否顺手，有无问题等来鉴定一辆二手车的使用保养状况。一般来说，座椅、内饰进行过翻新的车很有可能出现过重大问题。

图 3-93 轿车内饰

一、车门内饰板的检查

检查车门内饰板（图 3-94）、内饰扶手、开关键（图 3-95、图 3-96）的磨损情况。

主要检查有无破损、有无翻新的情况。

一些年限较长的车，门板扶手容易出现过度磨损，为了能卖个好价钱，二手车商会做翻新，本图就是一个翻新的车门饰板

图 3-94　车门内饰板检查示意图

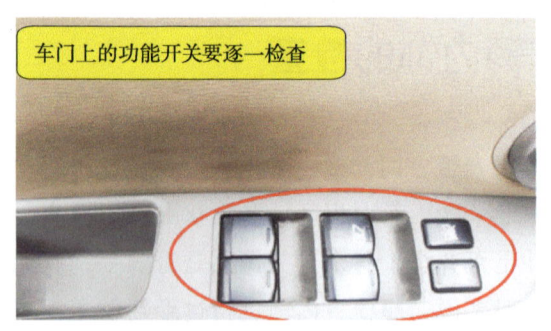

车门上的功能开关要逐一检查

电动后视镜往往容易漏检，如果功能失效，更换后视镜的费用可不便宜，特别是一些豪华轿车

图 3-95　车门开关键检查示意图

图 3-96　车门后视镜开关键检查示意图

二、转向盘磨损情况的检查

转向盘主要检查 3 点、9 点的位置磨损情况（图 3-97），这也是判断调表车的一个重要依据。

检查转向盘经常手握的地方的磨损状况，判断车辆的使用里程

特别光亮

图 3-97　转向盘检查示意图

如果材质本身比较差的，很容易因为磨损出现破损的问题。2~3 年可能就出现表皮破损了，那么用这种方法就很难判断了。

三、主驾驶位座椅磨损的检查

主驾驶位座椅主要看破损及印痕（图 3-98），另外就是要检查座椅的弹性，使用一定年限后，弹性会变差，并有塌陷感（图 3-99）。

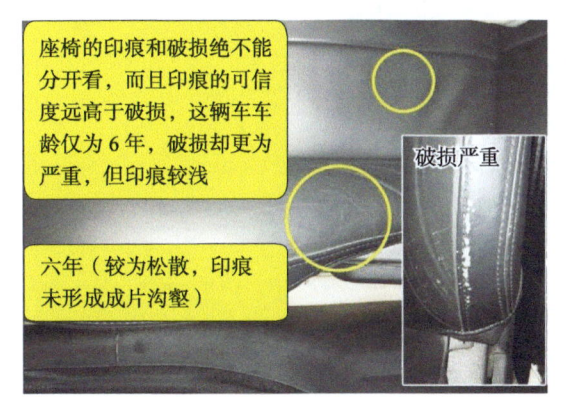

图 3-98　主驾驶位检查示意图

图 3-99　主驾驶位座椅弹性检查示意图

四、安全带的检查

主要是检查主驾驶位的安全带新旧程度、是否更换过（图 3-100）。安全带一般很少清洗，所以手经常拉的位置相对其他位置会比较旧，年限越长的车就越明显（图 3-101）。

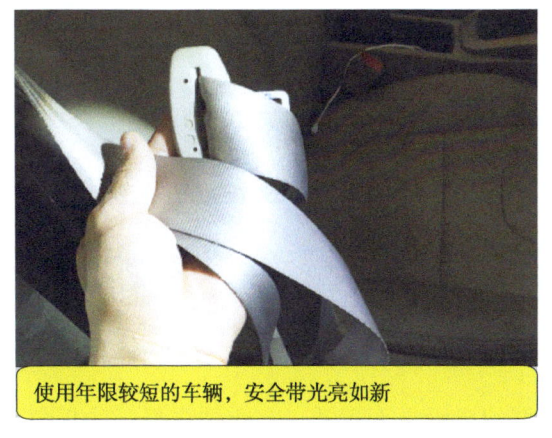

图 3-100　年限较短的安全带示意图

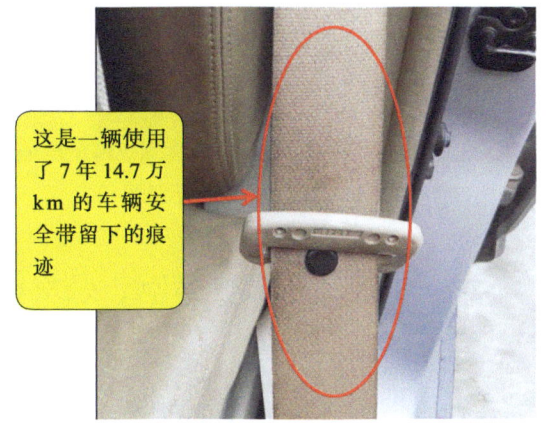

图 3-101　用了一定年限的安全带示意图

检查安全带的标贴和生产日期可以判断安全带是否更换过（图 3-102）。原装安全带

的生产日期应该早于整车的出厂日期，如果安全带的生产日期晚于整车的出厂日期说明安全带更换过，可以判断此车可能出过比较严重的事故。

2013年4月24日生产，如果整车出厂日期早于此日期，说明此车因事故更换过安全带

图 3-102　安全带标贴示意图

五、脚垫、地毯的检查

检查脚垫、地毯是否干净潮湿，是否有臭味，是否翻新，作为判断泡水车的依据（图 3-103、图 3-104）。检查地毯时，要特别留心那些一尘不染的，连点浮土脏污都看不见，而且色泽明显发亮的地毯。

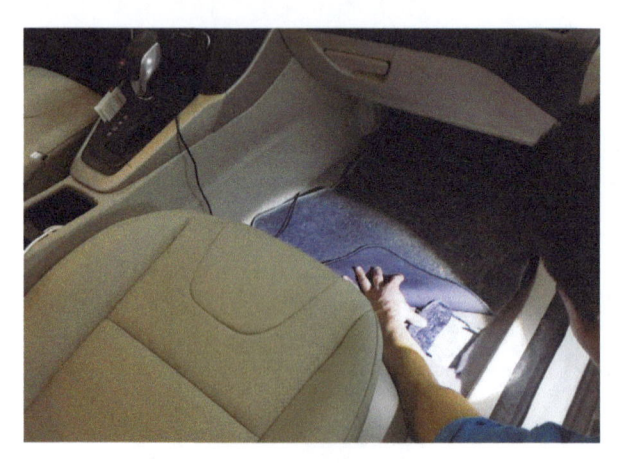

掀开脚垫，检查地毯有无翻新、更换、泡水残留的泥沙以及霉味

原厂地毯，无泡水、无霉斑

图 3-103　检查脚垫示意图　　　　图 3-104　检查地毯示意图

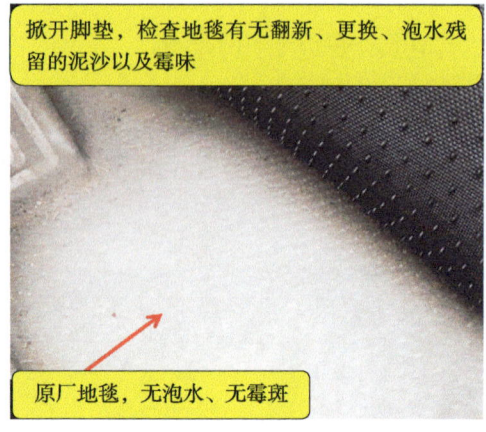

六、中控台仪表、音响、杂物箱的检查

1. 仪表的检查

打开开关至2档（ON）位置，观察仪表灯的显示是否正常，有无缺少显示的现象。电喷发动机汽车大都有故障提示功能，在打开开关时，各个提示灯都应点亮过；如果有提示灯没亮，车主很有可能因此项故障没有排除，故意拆掉仪表灯的灯泡或把仪表灯的

线路剪断，给人此车无故障的错觉。发动机起动后，大部分仪表灯全部熄灭（如果未松开驻车制动，驻车制动灯会亮，未系安全带安全带警告灯会亮，车门不关车门灯会亮），车辆行驶时所有警告灯都应熄灭，如果有警告灯常亮不灭表示有故障。

例如，某辆车发生过重大事故，气囊全部弹出来，但车辆没有购买保险，更换气囊的费用比较贵，为了节省费用，车主不打算安装气囊。如果不安装气囊，仪表上的气囊指示灯会不断地闪烁。车主想把车卖掉，为了不让人发现这车没有气囊，就会在警告灯上做手脚，把气囊指示灯拆掉或把气囊指示灯线剪掉，即，没有气囊，指示灯也不会闪烁。

发动机未起动和发动机起动后仪表板警告灯示意图如图 3-105、图 3-106 所示。

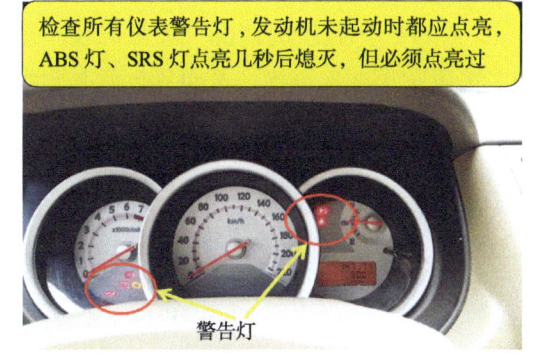

图 3-105　发动机未起动时仪表灯示意图

图 3-106　发动机起动时仪表灯示意图

2. 空调、音响的检查

空调要检查送风模式、制冷效果、有无异味。音响要检查按键是否有卡滞，手感好不好，当然功能必须要完好（图 3-107）。

3. 杂物箱的检查

主要检查杂物箱有没有破损、裂纹、泥沙（图 3-108）。杂物箱内部属于比较隐秘的

图 3-107　空调、音响检查示意图

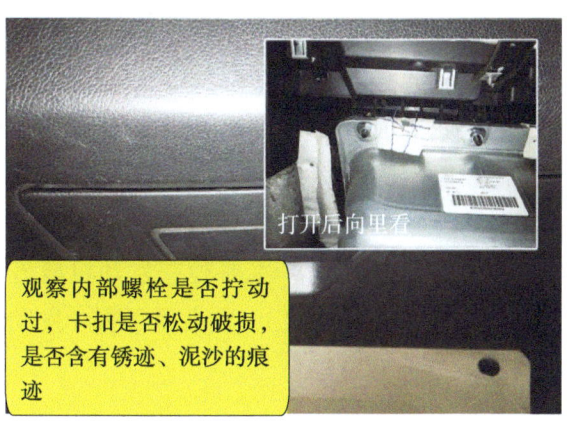

图 3-108　杂物箱检查示意图

位置，有些事故车为节约维修费用，对一些隐秘的部位做简单处理。如果发现有裂纹或焊接的痕迹，可能是事故所致。如果有泥沙，有可能是一辆泡水车。

中控台后面有很多基础件都是铁质的，所以污水极容易腐蚀他们，检查时要特别注意这些基础件有无生锈。

七、后排座椅、车顶内饰的检查

后排座椅主要检查右后座位置，右后座位置是后排坐得比较多的位置，磨损也比较多（图3-109）。

车顶内饰主要是检查平整度，是否翻新过（图3-110）。翻新的情况一般都比较严重了，有可能是严重泡水造成车顶内饰更换过或翻车造成车顶变形更换。有明显色差其实指的是新旧区别，如果车顶很脏，但是车内其他地方却干净得亮眼睛，那很可能就是翻新了。

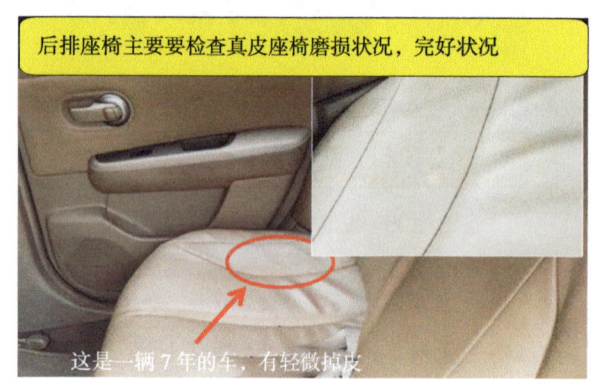

图3-109　后排座椅检查示意图 　　　　图3-110　车顶内饰检查示意图

学习任务五　发动机舱检查

发动机舱检查分两部分，一部分是钣金件的检查，主要鉴定是否发生过事故；另外一部分是发动机部分的检查，主要检查发动机的工作状况。

检查发动机舱时，主要检查发动机舱盖、散热器框架（俗称龙门架）、左右翼子板、发动机舱结构件等（图3-111）。

图3-111　发动机舱示意图

一、发动机舱结构件的检查

1. 发动机舱盖的检查

如果车辆的车头部分发生过碰撞,有两种可能性。一种是比较严重的事故更换了发动机舱盖;另外一种就是轻微事故,发动机舱盖进行了修复喷漆(图 3-112、图 3-113)。

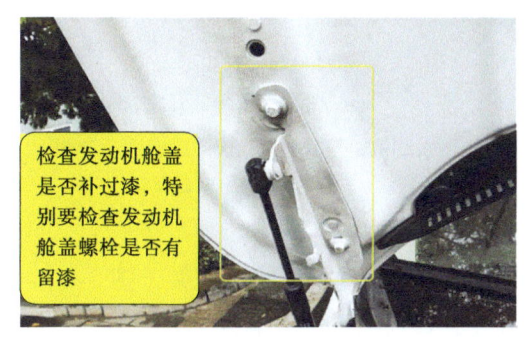

图 3-112　发动机舱盖铰链留漆示意图 1

图 3-113　发动机舱盖铰链留漆示意图 2

（1）发动机舱盖修复喷漆的鉴定方法

第一步,打开发动机舱盖,双手提起发动机舱盖,掂量一下发动机舱盖的重量,感觉比较重的,就要怀疑发动机舱盖是否修复喷漆过。

第二步,用撑杆撑起发动机舱盖,观察舱盖内部是否有修补或喷漆的痕迹可以判断车辆是否发生过碰撞事故。

第三步,使用漆膜仪检查发动机舱盖漆面的厚度进行判断发动机舱盖是否喷过漆。

（2）更换过发动机舱盖的鉴定方法

一是观察发动机舱盖内的标贴是否存在（当然并不是所有车型都贴在发动机舱盖上,有些车型贴在散热器框架上）,修复喷漆过或更换过发动机舱盖后标贴就不复存在（图 3-114）。二是观察发动机舱盖铰链上的螺栓是否拆装过,如果发动机舱盖铰链上的螺栓拧动过,发动机舱盖又没有修复过的痕迹,发动机舱盖就可能是更换过。

检查发动机舱盖铰链处的螺栓是否存在拧动的痕迹,没有拧动过的如图 3-115 所示。

图 3-114　发动机舱盖标贴示意图

图 3-116 所示为发动机舱盖铰链螺栓明显被拧动过,而且被重新喷过漆。不过在发

动机舱盖上并没有发现钣金修复的痕迹，所以这个发动机舱盖可能是后期更换的。

图 3-115　发动机舱盖铰链螺栓没有拧动过示意图 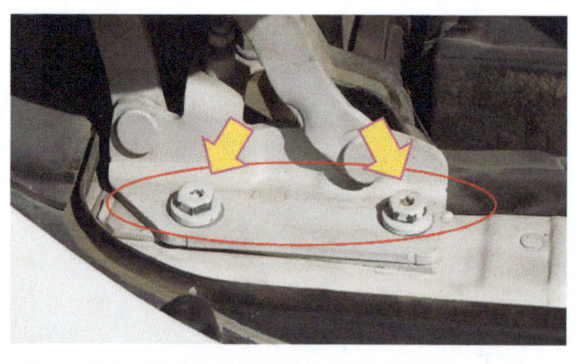　　图 3-116　发动机舱盖铰链螺栓拧动过痕迹示意图

2. 前保险杠、前照灯、散热器框架的检查

车辆正面发生碰撞，最先碰撞的保险杠、前照灯，然后就是散热器框架（图 3-117、图 3-118）。保险杠、前照灯都是塑料件，发生事故时容易损坏，开裂修复只要注意观察很容易鉴别出来（图 3-119）。

图 3-117　检查龙门架上标贴示意图 　　图 3-118　检查龙门架示意图

图 3-119　事故造成前照灯灯脚断裂

打开发动机舱盖后能够清晰地看见，保险杠上沿有漆雾现象（图 3-120），而且有毛边。一般情况下，原厂保险杠做工较好，不会出现这样的情况，前保险杠可能更换过。

前照灯更换的鉴别方法：一是左右两个灯对比，如果一个新一个旧，那么新的就是更换过的灯；二是如果左右一样新，但和使用年限明显不匹配，那是两个灯同时更换过。检查灯的生产日期，如果生产日期晚于整车的生产日期，那么就可以判断两前照灯已经更换过。

例如，图 3-121 所示的这辆车的整车出厂日期为 2014 年 6 月，但是右前照灯的生产日期为 2014 年 9 月 23 日，所以这个前照灯很有可能是更换过了的（图 3-121）。

图 3-120　前保险杠留漆示意图　　图 3-121　前照灯生产日期与整车出厂日期比对示意图

检查前照灯是否更换过还有一个方法，就是检查前照灯的新旧程度，如果一辆年限比较长的车，灯却比较新或左右两灯的新旧不一，那么可以肯定新灯是更换过的（图 3-122）。

图 3-122　检查前照灯新旧程度示意图

3. 车头结构部件的检查

一辆车一旦发生碰撞，首先受损的一般都是覆盖件，比如发动机舱盖、保险杠、翼子板等，但是如果碰撞的强度非常大，就会波及发动机舱内的各种结构部件。由于冲击力较大，发动机舱内各种连接部位的固定件就容易因此产生位移（图3-123~图3-125）。

通过观察翼子板内侧结构件是否有焊接修复的痕迹，可以判断车辆是否撞过，但这只是初步判断，还要结合纵梁、减振器座等多部位的情况综合判断车身是否发生过重大碰撞。

图3-123　发动机舱结构示意图

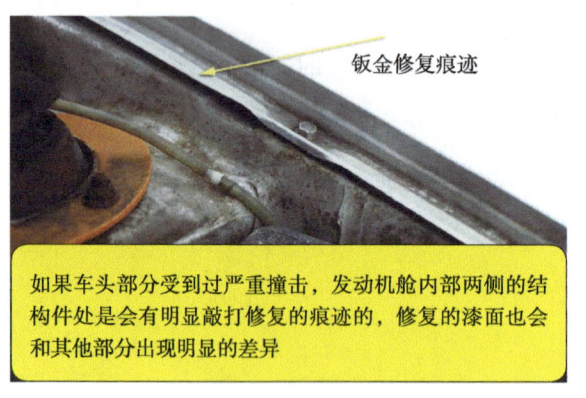

图3-124　发动机舱两侧结构示意图 　　　　图3-125　翼子板固定螺栓位移示意图

发动机舱的减振器座也是非常重要的一个鉴别部件（图3-126）。如果减振器座变形会影响避振和悬架的角度，也就是使车轮的定位参数改变。通俗讲就是，车辆很可能呈"外八字"或者"内八字"在路上行驶，引起吃胎、跑偏、转向重、转向不回位等故障。

通过鉴定减振器座的方法去判断事故，主要从以下三种情况考虑。

第一种是侧面撞击。侧面撞击到车身后，很容易使减振器座报废（图3-127、图3-128），而且从结构上来说，侧面比较大的撞击可能不仅仅只是伤了减振器座，同侧的纵梁也可能伤及，纵梁也要仔细检查。

图 3-126　减振器座结构示意图

第二种正面撞击而伤及减振器座。一般出过这种事故的车不太会进行修复，因为正面有过这么大的撞击，那么车辆的发动机总成和纵梁都会发生严重变形，所以已经没有了再修复的价值了。

第三种是进行避振改装的车辆。比如说气动、"绞牙"避振。玩改装的都喜欢把车降低，然后调硬避振阻尼，这样显得特别好看，特别有姿态。减振器调硬后减振器座所承受的冲击会加大，久而久之，大多都会车架变形或者减振器座变形。

图 3-127　减振器座维修切割示意图

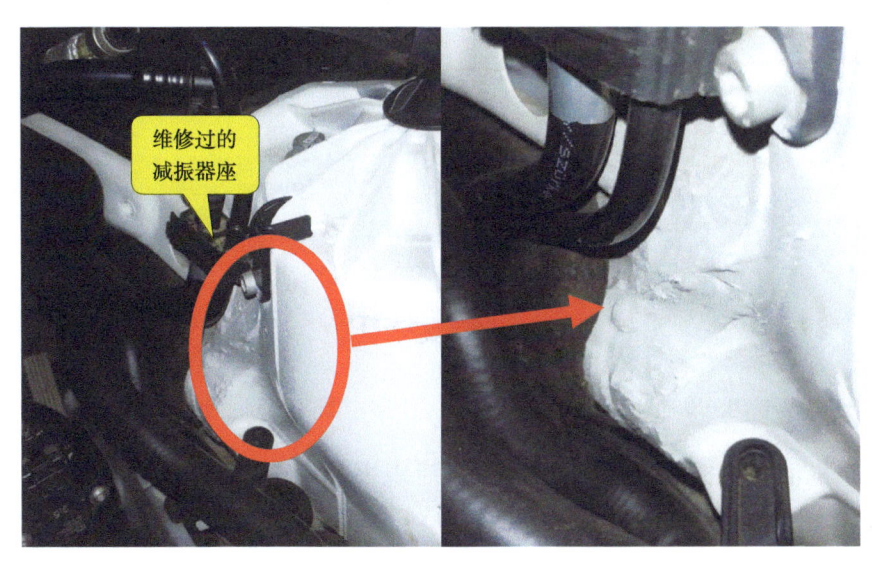

图 3-128　事故维修过的减振器座

二、发动机机械、电气元件的检查

静态检查发动机主要是检查发动机有无漏油、漏水，发动机部件有无拆装过，发动机舱的规整情况等。

①打开发动机舱盖检查发动机外部清洁情况，如有少量油迹和灰尘是正常的（图3-129）。如灰尘过多，那车辆可能磨损较大；如一尘不染，则要特别注意了，可能是车主为掩盖一些信息而做了细心的清洁，比如二手车商的车。

②机油油位、品质的检查。如油位过高，说明发动机严重窜气或漏水。机油颜色检测可用白纸擦拭，新的机油呈透亮的金黄色（图3-130），如颜色变黑，属于正常。如为其他颜色是不正常现象。

图3-129 发动机上少量油迹和灰尘属正常现象

图3-130 新机油颜色呈透亮的金黄色

使用一段时间后，机油颜色会变黑，但黏度没问题（图3-131），属正常现象。使用时间较长的机油除变黑外，黏度会严重下降（图3-132）。

图3-131 使用一段时间后机油的颜色

图3-132 使用时间较长后机油的颜色

在检查机油盖口时，要在拧开加油盖后观察其底部，正常的应该比较干净（图3-133）。如加油盖底部有一层黏稠的深色乳状物（图3-134），还有与油污混合的小水滴，这种情况下，发动机可能就不正常了，可能是缸垫、缸盖或缸体损坏，导致冷却液渗入机油中造成的，就是通常说的机油进水。保养不好或发动机磨损严重的车辆，打开机油口盖后可以看到气门室内有油泥（图3-135）。如果有这种情况发生，发动机可能需要大修，这对车辆的价格影响非常大。从发动机这些情况的好坏，可以间接判断车辆的保养状况，原车主对车的爱护程度。

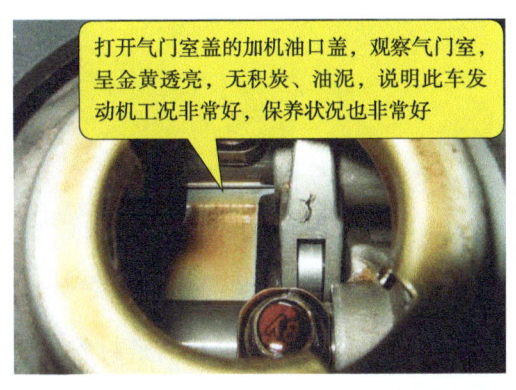

图 3-133　保养良好的车加机油口盖示意图

图 3-134　机油进水变乳白示意图

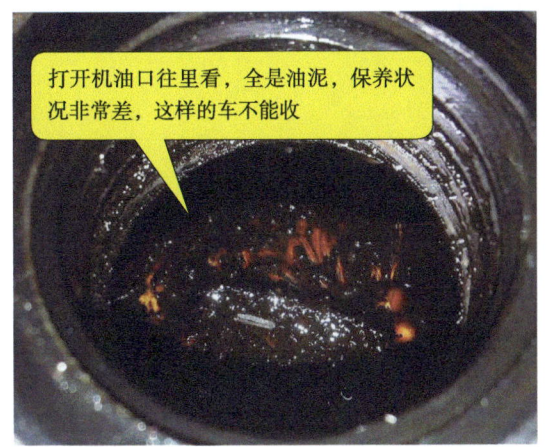

图 3-135　加机油口盖和气门室内油泥示意图

③检查发动机冷却液（图3-136）。发动机冷却液的检测必须在车辆静止的状态下进行，因为如果车辆起动，很容易被冷却液烫伤。检查冷却液面上是否有异物漂浮，如有油污浮起，表示可能有机油渗入；如发现锈蚀的粉屑漂浮，表示散热器内的锈蚀情况已经很严重，这对发动机的影响很大。

④检查电路系统。通过观察孔检查蓄电池的状态，绿色为正常（图3-137），变白

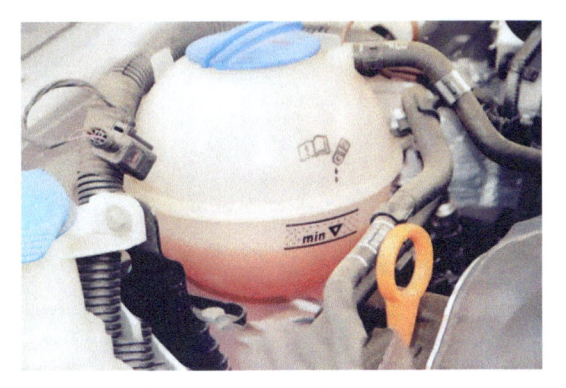

图 3-136　发动机冷却液示意图

说明蓄电池已达使用寿命，一般蓄电池的寿命为两年左右。另外就是检查点火系统高压线、高压包的状况（图3-138）。

图 3-137　检查蓄电池示意图

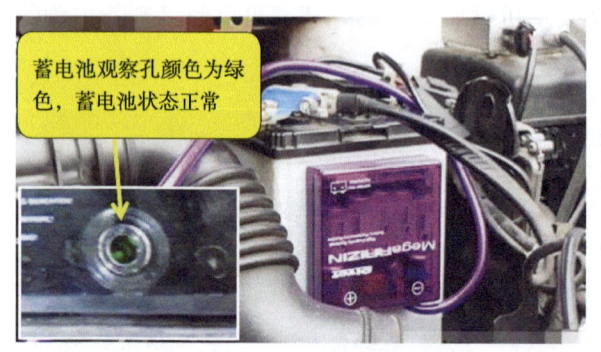

图 3-138　检查发动机电路系统示意图

⑤检查发动机有无拆装、维修过。主要检查气门室盖、气缸盖接合面密封胶的痕迹（图3-139），检查气门室盖、水泵、进排气管等外围附件的螺栓有没有拧动过（图3-140~图3-142）。如果拧动过，说明发动机维修过。

图 3-139　气门室盖拆装过重新上密封胶示意图

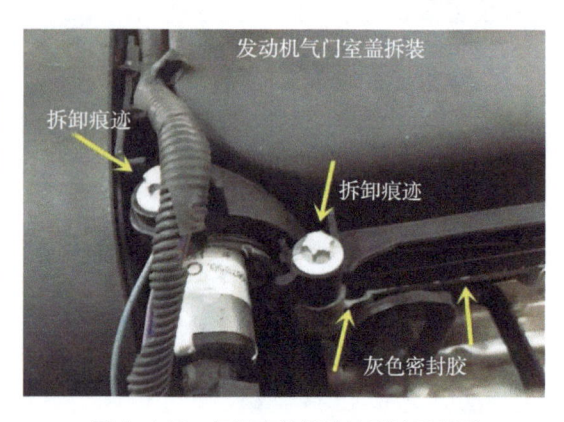

图 1-140　气门室盖螺栓拧动过示意图

图 3-141　排气管螺栓拧动过示意图

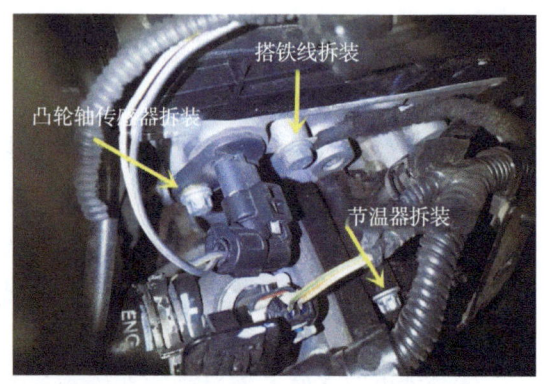

图 3-142　发动机附件螺栓拧动过示意图

学习任务六　行李舱的检查

轻微追尾的事故会伤及后保险杠、后围、行李舱盖，严重的会伤及行李舱底板、后翼子板。行李舱的检查主要是行李舱盖、行李舱底板、后保险杠、后围、后翼子板的检查。

一、行李舱盖的检查

打开行李舱盖，首先观察行李舱盖内侧有没有敲打、喷漆过的痕迹（图3-143、图3-144），其次观察行李舱盖边缘打胶情况，没有事故修复过的车辆打胶均匀平整光滑（图3-145），修复后打胶粗糙不平整（图3-146）；第三观察行李舱盖铰链螺栓有没有拧动过，没拧动过的螺栓上没有痕迹，油漆颜色与车身车漆颜色一样，拧动过的螺栓会留下痕迹（图3-147）。

图3-143　三箱车行李舱盖示意图 　　　图3-144　两箱车行李舱盖示意图

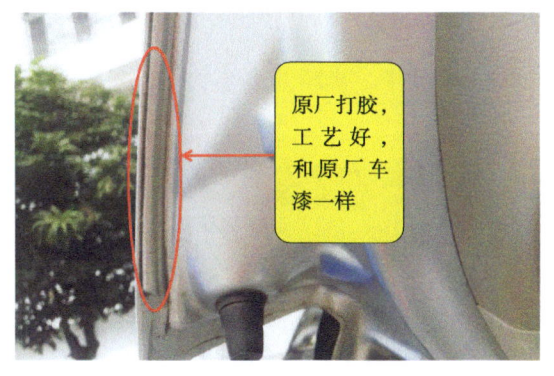

图3-145　行李舱盖原厂打胶示意图 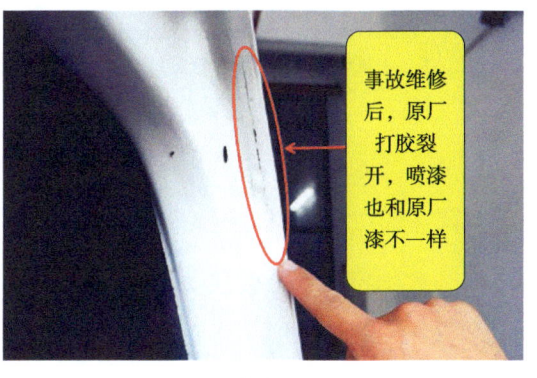　　图3-146　行李舱盖修复后打胶示意图

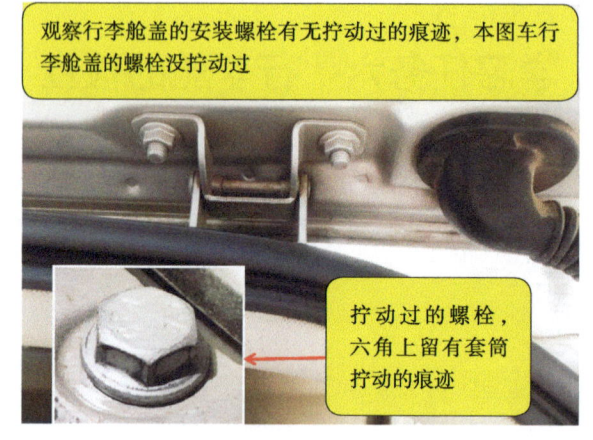

图 3-147　检查行李舱盖螺栓是否拧动过示意图

二、后保险杠、后围的检查

观察后保险杠的卡扣有没有撬动过（图 3-148），后围板有没有敲打、生锈、喷漆过的痕迹（图 3-149、图 3-150）。如果有生锈（图 3-151）、焊接过（图 3-152）的痕迹，就要重点检查行李舱底板、后翼子板内衬是否有修理过的痕迹。

图 3-148　检查后围是否有拆装痕迹示意图 　　图 3-149　检查后围是否有切割焊接痕迹示意图

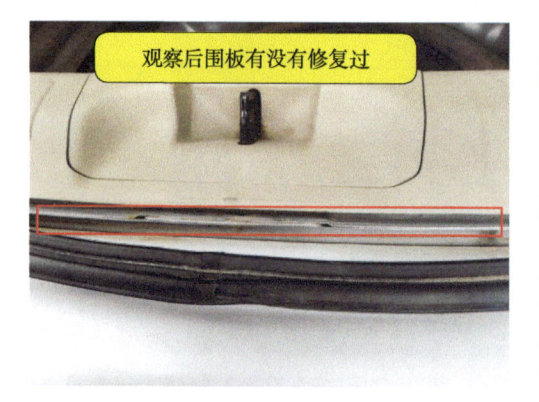

图 3-150　没有修复过的后围示意图 　　图 3-151　修复过已生锈的后围示意图

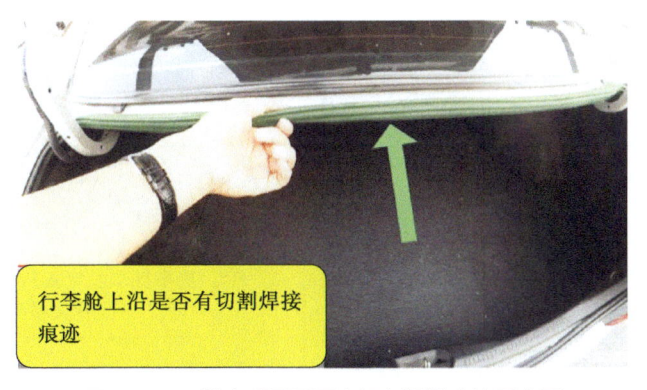

图 3-152　检查后围是否有切割焊接痕迹示意图

三、行李舱底板的检查

把行李舱盖板取下，观察底板有没有敲打、喷漆过的痕迹（图 3-153）。轿车的行李舱的备胎座是冲压成型的部件，棱角分明（图 3-154）。

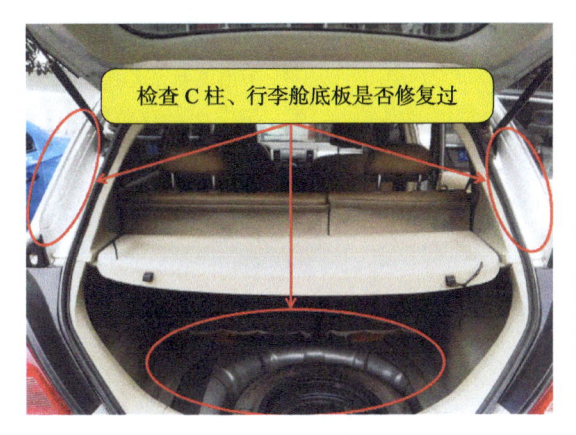

图 3-153　行李舱的检查　　　　图 3-154　没有修复过的行李舱的备胎底板示意图

如果看到备胎箱有过更换或者备胎箱有过敲击复位的痕迹（图 3-155），那这辆车后部一定有过事故。敲击复位的痕迹容易看得出，把备胎拿出来后就能明显地看到很不正常的敲击痕迹。

如果发生比较严重的撞击，行李舱底板已经更换过又怎么检查呢？这就要从行李舱底座周围的打胶情况，在切割的位置都会打上钣金胶（图 3-156）。原厂打的胶平整，和车的颜色一样，切割修复后打的胶粗糙不平整。颜色和车漆不一样。

四、行李舱框架的检查

行李舱框架的检查是判断是否发生过车辆追尾的重要依据，对于两厢车来说，主要

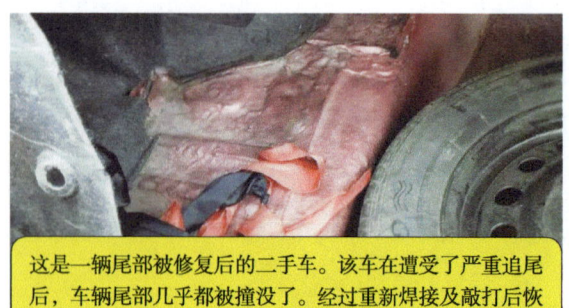

图 3-155 修复过的行李舱示意图

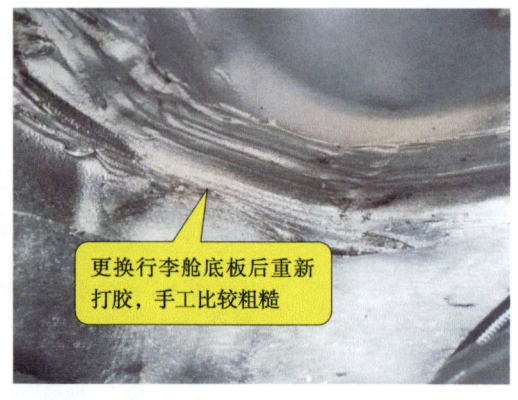

图 3-156 更换行李舱的备胎底板重新打胶示意图

检查尾门框和C柱之间的框架（图 3-157），没有修复过的尾门框，打胶均匀、棱角分明，左右对称（图 3-158），对于三厢车来说主要检查后翼子板框架（图 3-159）。

图 3-157 没有修复过的两厢车行李舱框架（右）

图 3-158 没有修复过的两厢车行李舱框架（左）

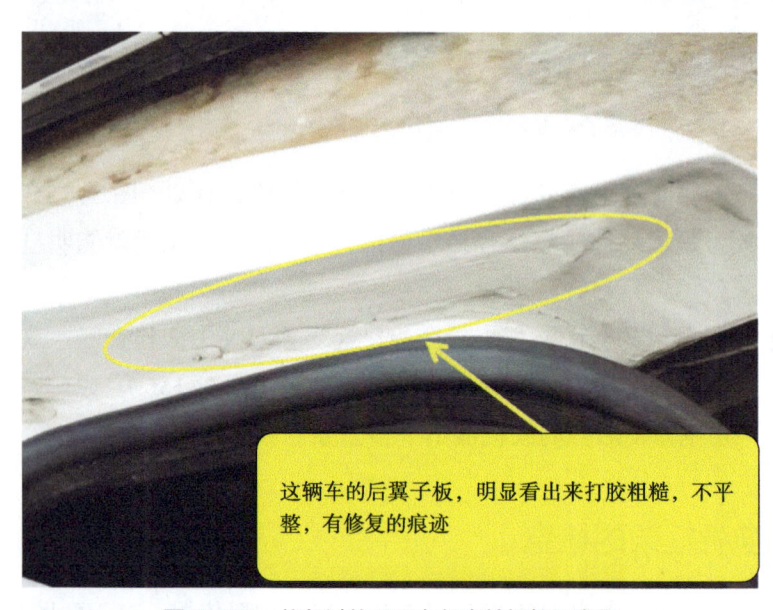

图 3-159 修复过的三厢车行李舱框架示意图

学习任务七　底盘的检查

一、底盘损伤的检查

在二手车收车鉴定时，由于设备限制，往往没有对底盘做彻底地检查，造成收购回来的车的底盘存在或多或少的问题。在收车时需要把车开到有举升机的地方进行检查，检查时把车举升起来进行检查（图 3-160）。

1. 检查底板有没有托底损伤

轿车由于底盘比较低，经过一些坎坷路面时容易托底，托底容易造成底板（图 3-161）、发动机、变速器油底壳凹陷损伤。

图 3-160　举升车辆检查底盘

图 3-161　受损的轿车底盘

2. 检查排气管和三元催化器有无损伤

排气管和三元催化器刮碰到路上的硬物容易损伤（图 3-162），三元催化器还是比较贵的一个配件，如果漏检，万一收到一辆三元催化器损伤的车辆，损失会比较大。

图 3-162　检查排气管和三元催化器

3. 检查发动机和变速器油底壳有无损伤

发动机和变速器油底壳都位于比较低的位置，行驶过程中容易碰到路上的石头、砖头等硬物，轻微的可能造成油底壳凹陷变形（图 3-163、图 3-164），严重的会撞穿油底壳，造成漏油。

图 3-163 发动机油底壳受撞击变形

图 3-164 变速器油底壳受撞击变形

二、传动系统的检查

1. 检查半轴防尘套是否损坏、是否漏油

半轴防尘套属于橡胶件，使用一定年限会老化，如果被异物刮碰也会损坏，损坏后半轴球笼中的润滑油可能被甩出（图 3-165），如果不及时更换，半轴球笼会缺油损坏。

2. 半轴是否损伤或变形

检查半轴有无变形或是否已更换过新件（图 3-166）。新件和周边零件对比明显，很容易判断出来。

图 3-165 漏油的半轴防尘套

图 3-166 检查半轴

三、行驶系统的检查

1. 检查减振器是否漏油、防尘套是否损坏

汽车行驶一定里程后，特别是经常行驶在路况比较差的道路上，减振器容易漏油，防尘套会破损（图3-167），这是减振器失效的表现。

检查减振器是否漏油、防尘套是否破裂

图3-167 检查减振器是否漏油

2. 检查减振弹簧是否折断、弹簧是否变软

减振弹簧是车辆的重要受力元件，经常行驶在颠簸道路上或经常超载的车辆，减振弹簧容易折断（图3-168）。

检查减振弹簧是否良好，图中弹簧完好

折断的螺旋弹簧

图3-168 检查减振弹簧是否折断

3. 悬架摆臂球头是否松动

悬架下摆臂球头使用一定里程后磨损松动，经过不平路面时会产生异响。检查时可以通过上下摇动车轮的方法进行检查（图3-169）。

上下摇动车轮检测悬架下摆臂是否松动

图3-169 上下摇动车轮检查下摆臂是否松动

橡胶套低端品牌一般使用 3 年就会破裂，中高端品牌一般使用 5 年也会破裂，可以通过目测结合撬棍撬动橡胶套进行检查（图 3-170、图 3-171）。

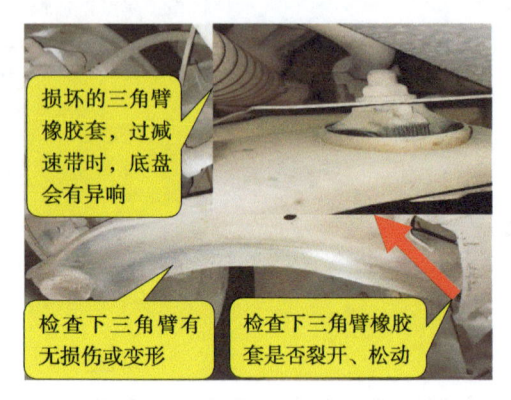

图 3-170　检查悬架三角臂球头是否松动　　　　图 3-171　检查悬架下摆臂橡胶套是否松动

4. 检查独立悬架连杆是否变形或橡胶套松动异响更换

悬架连杆使用一定年限后，连杆上的橡胶套会磨损、老化、破裂。经过不平路面时会发出异响，收车时要特别检查（图 3-172）。连杆变形会造成定位失准，直接表现为轮胎异常磨损、跑偏、转向沉重、转向不能自动回位。

图 3-172　检查悬架连杆是否变形或橡胶套松动

5. 检查轿车的后扭力梁是否有碰撞损伤

后扭力梁位于轿车后部底盘比较低的位置，在行驶过程中容易刮碰石头造成变形，扭力梁变形会造成后轮定位失准，后轮定位失准会使轮胎异常磨损（图3-173）。

扭力梁变形引起的轮胎异常磨损现象

检查扭力梁有无撞击变形

图3-173　检查扭力梁有无变形

6. 检查车轮轴承有无松旷现象

行驶了一定里程的车辆，车轮轴承会有磨损，车辆行驶时会发出异响或导致轮胎异常磨损。检查底盘时可以通过左右摇动车轮感觉有无间隙进行判断（图3-174）。

特别提醒：在检测二手车时，一定要把车辆举升起来检查汽车底盘，在上门收车时往往不具备升车的条件，这个时候要借助当地的修理厂条件，不要忽略底盘的检查。在升车时一定要遵守操作规程，在保证安全的条件下才能进到车底下进行检查，要时刻绷紧安全生产的弦。

通过左右摇动车轮检测车轮轴承是否松动

图3-174　左右摇动检查车轮轴承有无松旷

复习思考题

1. 二手车鉴定中的事故车是如何定义的？
2. 写出结构性损伤的定义。
3. 汽车结构性损伤的特征有哪些？
4. 写出检查发动机舱盖修复、做漆的方法步骤。
5. 检查发动机时要特别注意检查什么。

项目四
特殊二手车的鉴定

学习任务一　泡水车的鉴定

一般而言，泡水车按受损情况大致可以分为三种。第一种为水面超过车轮，车辆脚垫位置出现积水情况；第二种为水面浸湿座椅或超过中控台；第三种情况为水面直接超过了车体。第一种情况损害比较轻微，第二、第三种情况就比较严重了。

一、鉴别泡水车的方法

1）闻味，进入车内闻一下有没有发霉的异味。
2）检查发动机舱、车舱、行李舱是否有泥沙、锈蚀。
3）查看座椅是否软硬不一。
4）查看中控台空调、音响各功能键、液晶屏是否明暗不一。
5）检查底盘是否过度锈蚀。
鉴定泡水车主要从三个地方观察，一是内饰，二是行李舱，三是发动机舱。

二、检查内饰鉴别泡水车

1. 检查座椅鉴别泡水车

判断泡水车可以从很多方面去检查，可以从座椅的手感、气味去判断。泡过水后的座椅即便是在强力清洗之后，还是会有股刺鼻的霉味，而且泡过水的地方和没有泡过水的地方相比，手感相差很大。

首先，可以先来检查车内座椅。无论是织布还是真皮材质的座椅，如果泡水肯定会产生一些泛黄的水迹，即使清理后，座椅的表面也会有不同程度的色差。另外，由于汽车座椅大部分采用发泡海绵材质，进水后材质相对会偏硬，而且软硬会不均，大力按压座椅边缘各处可以发现硬度会有区别（图 4-1）。

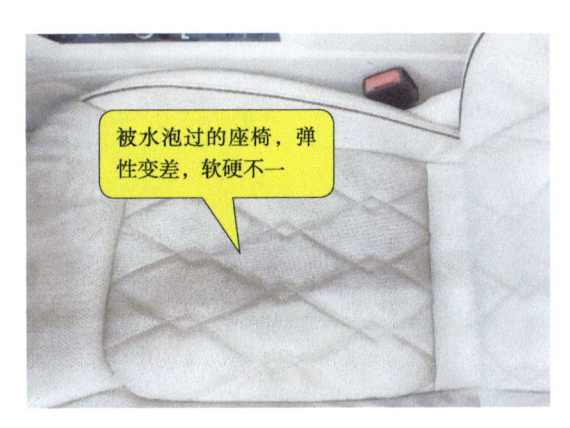

图 4-1　按压座椅检查软硬度

2. 检查车门饰板鉴别泡水车

如果车门采用布艺或真皮包裹，也要注意查看细节。车门的布艺或真皮材质经过水泡后，是很难修复的，只有通过后期重新包裹才能弥补（图 4-2），这也是很多二手车商家喜欢使用的方法，而且费用并不高。

图 4-2　重新包裹的车门饰板

3. 检查室内钢铁件鉴别泡水车

室内钢铁件泡水后就容易生锈，特别是座椅底部支架（图 4-3）、导轨（图 4-4）、底座（图 4-5）、转向柱（图 4-6）等。

图 4-3　泡水后生锈的座椅底部支架

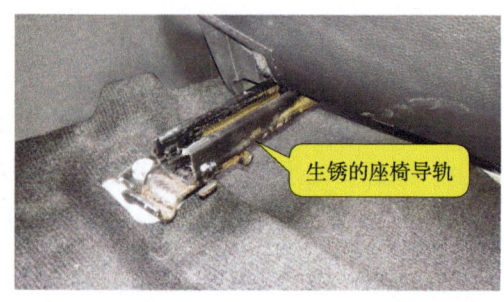

图 4-4　泡水后生锈的座椅导轨

图 4-5　泡水后生锈的座椅底座

图 4-6　泡水后生锈的离合器支架、转向柱、加速踏板支架

4. 检查车内地毯鉴别泡水车

①检查地毯的手感。车内植绒地毯也是一个重要的观察点。可以通过用手触摸的方式进行判断，主要留意地毯的毛是否柔顺、有无被刷子刷过后起球的情况。正常的地毯，应该手感比较柔软、细腻，而经过水洗后，摸上去手感会发硬、发涩（图 4-7）。

②检查地毯是否残留有泥沙（图 4-8）。

图 4-7　检查地毯手感示意图

图 4-8　检查地毯是否残留泥沙示意图

③检查地毯是否发霉、霉烂（图 4-9、图 4-10）。

图 4-9 检查地毯是否发霉、霉烂示意图（1） 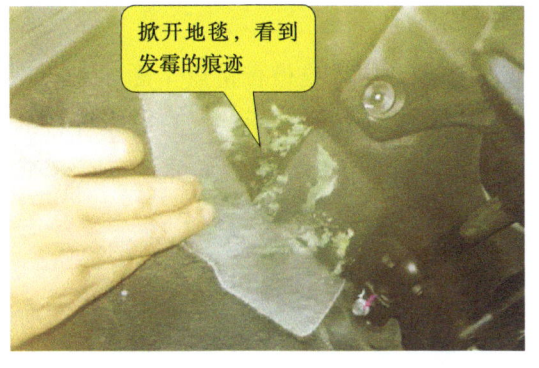　　图 4-10 检查地毯是否发霉、霉烂示意图（2）

④在检查地毯的同时顺便检查门槛，这地方最容易藏沙（图 4-11）。

图 4-11 检查门槛板是否藏沙

5. 检查安全带鉴别泡水车

安全带在泡水车清洗时是一个比较容易忽略的地方。经过污水浸泡后的安全带，上面会留有较明显的水迹，而且不容易被清除，会产生霉斑（图 4-12），清洗后也会留下霉斑（图 4-13）。可以通过观察安全带泡水痕迹，来判断该车的泡水深度。

图 4-12 安全带的检查示意图 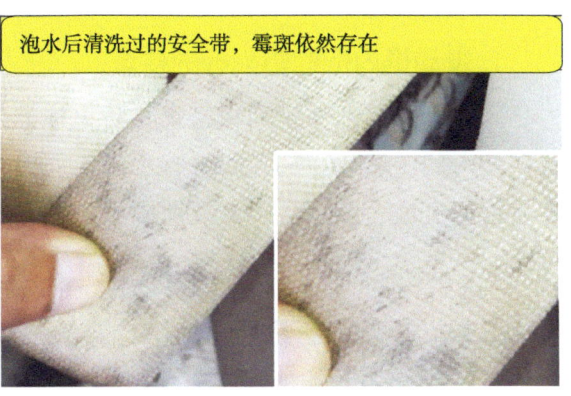　　图 4-13 安全带的霉斑清洗后留下的痕迹

6. 检查中控台鉴定泡水车

中控台同样是检查重点（图4-14）。检查中控台最好的办法就是查看空调、音响各功能按键是否正常、手感是否有差异，泡水车按键会有发涩感（图4-15）。如果车内有液晶显示屏，可以观察液晶屏是否明暗不一（图4-16）。

图4-14 检查中控台

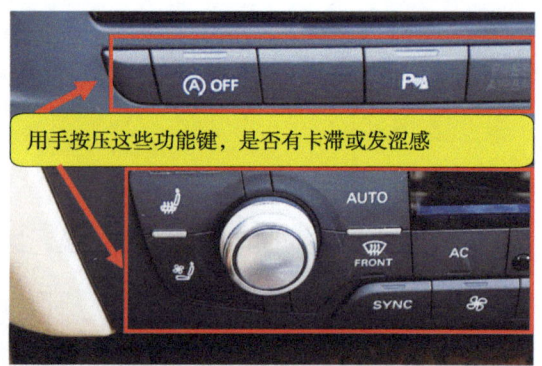

图4-15 检查中控台各功能按键

用手按压这些功能键，是否有卡滞或发涩感

检查中控液晶显示屏有无明暗不一的

图4-16 检查液晶显示屏

三、检查发动机舱鉴别泡水车

1. 发动机内侧的防火板的检查

发动机舱零部件排列很密集，防火板的位置在最内侧（图4-17），如果有水淹，那么很容易留下痕迹，而且由于位置所限，一般都不更换。

2. 发动机舱内容易藏泥沙的地方的检查

发动机舱内，如熔丝盒、继电器盒（图4-18）、线束（图4-19）等，这些地方如果藏有泥沙一般难以清洁，除非更换新件。

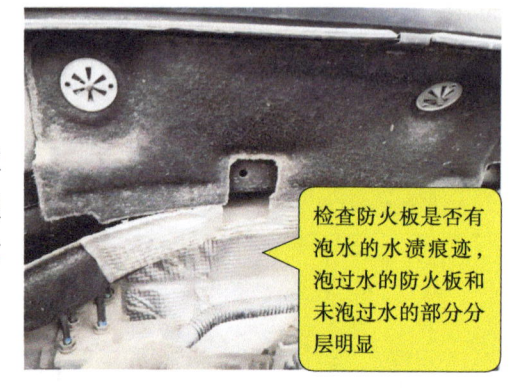

检查防火板是否有泡水的水渍痕迹，泡过水的防火板和未泡过水的部分分层明显

图4-17 发动机防火板的检查

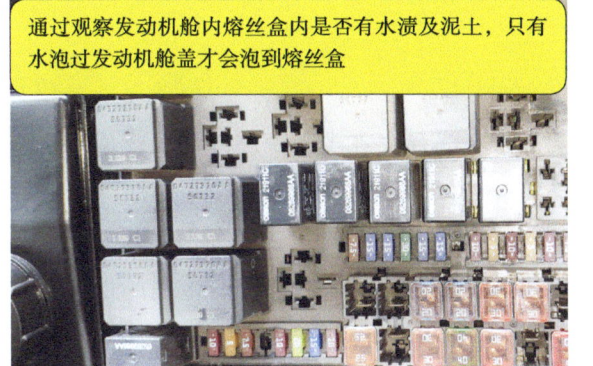

图 4-18　熔丝盒、继电器盒的检查

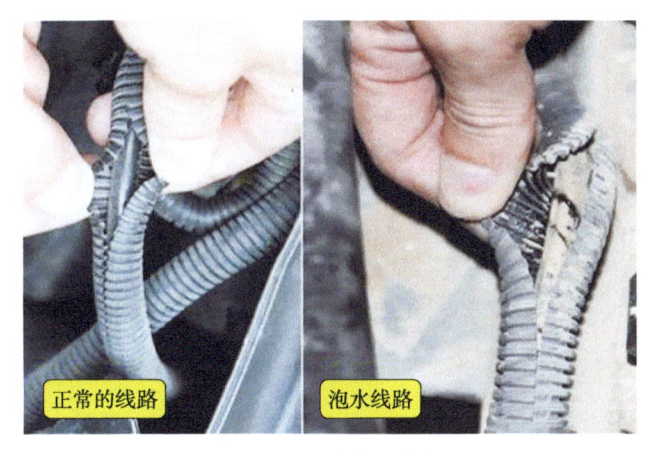

图 4-19　线束的检查

3. 发动机缸体的检查

雨水，尤其是海水多少都会腐蚀金属，所以检查车内以及发动机舱便能看出车子是否泡过水。图 4-20 所示的发动机，泡水之后发动机表面会生一层白蒙蒙的霉点、发动机舱里面的螺栓也会生锈，即便是把铁锈清洗之后，螺栓上面自然会留有一层油渍，以防生锈。

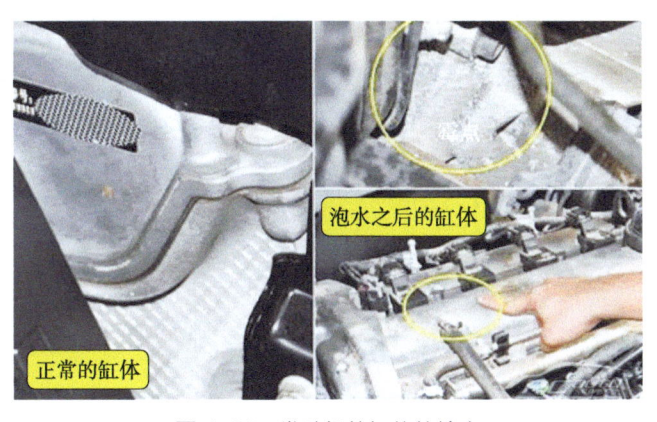

图 4-20　发动机的缸体的检查

四、检查行李舱鉴别泡水车

行李舱是泡水车检查的关键部位,如果备胎底部有水迹或者锈迹,那么就说明行李舱很可能进过水。

主要检查行李舱有无水渍(图 4-21)、有无残留泥沙(图 4-22)、底板是否生锈(图 4-23)、随车工具是否生锈(图 4-24)。如果发现有残留泥沙,并有生锈的地方,可以判定为泡水车。

图 4-21 检查行李舱有无水渍

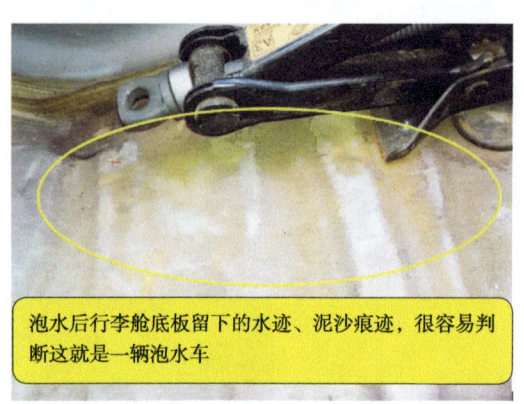

图 4-22 检查行李舱有无泥沙

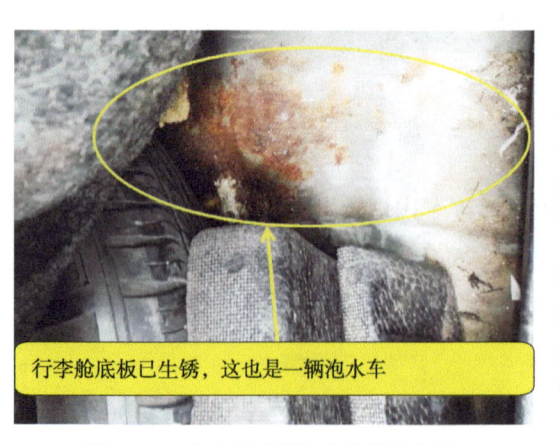

图 4-23 行李舱底板泡水生锈示意图

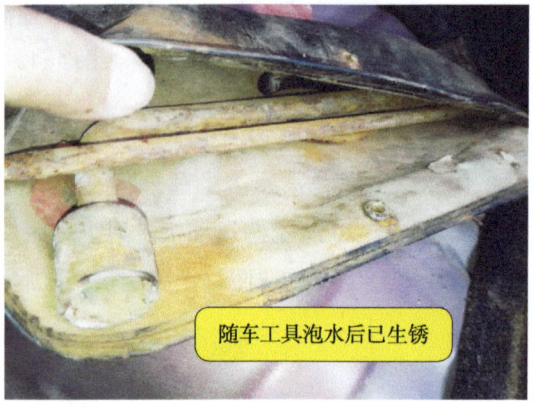

图 4-24 随车工具泡水生锈示意图

五、检查底盘鉴别泡水车

升起车辆检查底盘可以非常直观地查看各零件的锈蚀程度。与普通用车被水侵蚀不同,泡水车的底盘由于长时间被水淹没,锈蚀更为明显,而且类似排气管的位置会有明显的锈蚀出现(图 4-25)。

泡水生锈严重的汽车底盘

图4-25 泡水车底盘的检查

总结：通常，水面超过车轮，车内有一定积水的情况最多，出现这种情况并不可怕，只需将车内的积水清出去即可，车内残留的水分可以通过在阳光下暴晒即可清除，短时间内车里会残存一些霉味，不过时间长了之后就和正常车没有什么区别了。在挑选时，首先要注意车内是否有霉味，然后去查看下地板是否有潮湿、发霉，座椅底下的钢铁件是否生锈等情况。如果有上述情况，那么业务员就要留心了，需要仔细检查中控台，因为这里是泡水车损伤程度的分界点。

如果积水超过中控台，属于严重泡水，这样的车就不要购买了。水面超过中控台的泡水车，大部分的电器、内饰都已泡水，隐患很多。这种泡水车不仅座椅内的水分很难消除，而且电器元件里的水分也会长期积聚，后期用车隐患很多。收车时一定要对中控台按键仔细检查，看各功能按键是否正常，手感是否有差异，如果车内有液晶显示屏，可以仔细观察液晶屏是否明暗不一。

特别提醒：有些修理厂专收高端的泡水车，经过精修后再流入二手车市场。在鉴定此类车时一定要特别检查室内座椅、仪表板、内饰、地毯有无大面积拆装的痕迹，因为要做到精修，必须对内饰进行全部拆卸，然后再进行全面清洁、除锈处理，该换的配件要全部更换。

学习任务二　调表车的鉴定

现在修理技术越来越先进，调低里程表的里程数成为相当简单的事。有些车主或者二手车商为了让车辆卖个好价钱，对车辆进行美容后，调低里程数（图4-26），让消费者了解不到车辆的真实状况。在购买二手车时，里程数只能作为一项参考，不要把它当成衡量车况的唯一指标。当然，学会辨别二手车的真实里程数也是非常重要的。要检查二手车是否调过里程表，主要从以下几个方面进行。

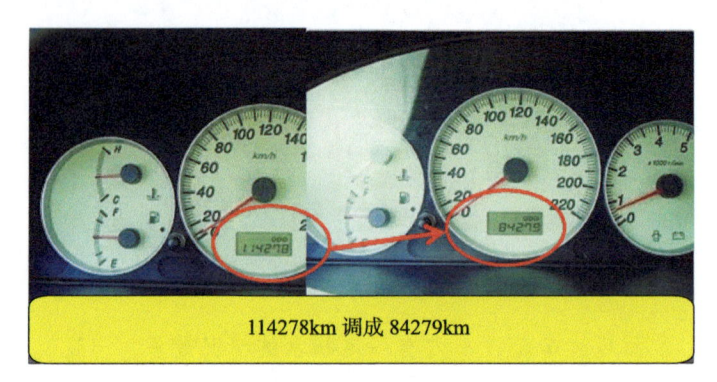

图 4-26　调表示意图

一、通过 4S 店查询准确里程数判断是否为调表车

同一品牌的汽车 4S 店，数据库都联网了，汽车的维修和保养记录，都可以在 4S 店查到。但这通常只对那些在 4S 店维修保养的汽车比较适用，因为有些车主不去 4S 店维修保养，就不会有维修、保养记录（图 4-27）。也可以通过汽修宝、车 300 专业版等二手车 APP 进行查询。

图 4-27　4S 店维修保养记录示意图

二、检查转向盘的磨损情况判断是否为调表车

正常情况下，更换转向盘的可能性很小，转向盘在每天的转动中，不知不觉就会留下很深的印记，所以它最能反映用车频率，不过也有车主会用转向盘套，增加了一些判断的难度。还有每个驾驶人的驾驶习惯不一样，手握的位置也不一样，并不一定都是 3

点、9 点的位置握得最多，检查时要找准位置（图 4-28）。

【例 1】行驶 14 万 km 多的骐达车转向盘磨损样子（图 4-29），本车是装有转向盘套的，磨损的位置在常按喇叭的位置，这个位置磨得比较光。

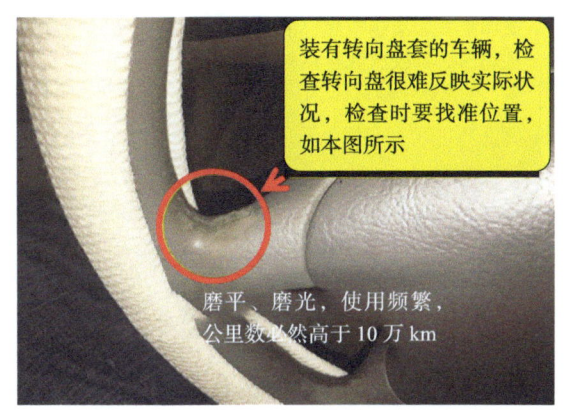

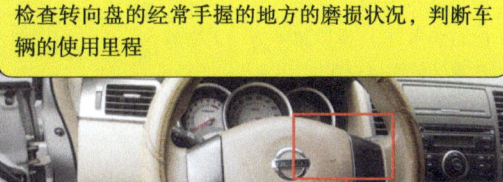

图 4-28　找准转向盘检查位置示意图 　　　　图 4-29　14 万多 km 骐达车转向盘示意图

【例 2】13 年车龄里程 20 万 km 的大众车的转向盘磨损样子，本车是装有转向盘套的，磨损的位置在 3 点、9 点的位置（图 4-30）。

图 4-30　13 年车龄里程 20 万多 km 的大众车转向盘示意图

三、检查主驾驶位座椅磨损情况判断是否为调表车

驾驶人座椅主要检查靠近车门一侧，用了一定年限、里程的车辆会留下印痕及破损。就好比一个人一样，随着年龄的增长，脸上会留下皱纹。行驶里程在 10 万 km 以上的车辆还伴有一定塌陷。

【例 1】6 年车龄座椅磨损状况（图 4-31），靠近车门一侧的座椅有掉皮，有轻微的印痕、塌陷，相当于一个"中年人"的年龄了。

【例2】 10年车龄座椅磨损状况（图4-32），座椅有掉皮、塌陷、严重的印痕，相当于一个"老年人"的年龄了。

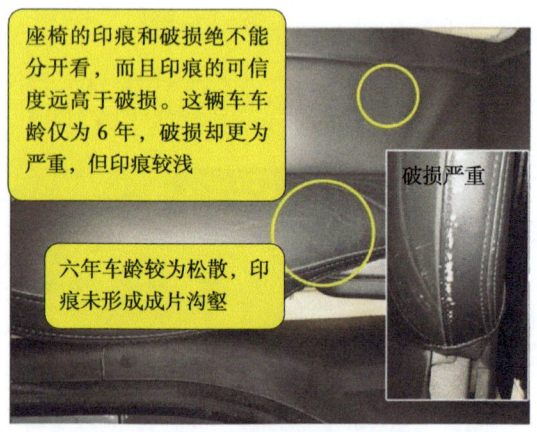

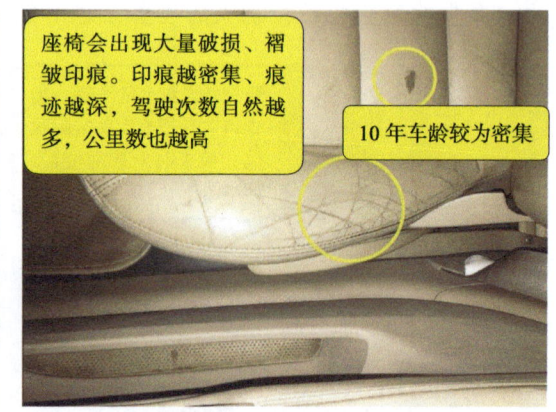

> 座椅的印痕和破损绝不能分开看，而且印痕的可信度远高于破损。这辆车车龄仅为6年，破损却更为严重，但印痕较浅

> 破损严重

> 六年车龄较为松散，印痕未形成成片沟壑

> 座椅会出现大量破损、褶皱印痕。印痕越密集、痕迹越深，驾驶次数自然越多，公里数也越高

> 10年车龄较为密集

图4-31　6年车龄座椅示意图　　　　图4-32　10年车龄座椅磨损示意图

【例3】 11年车龄12.95万多km的马自达车主驾驶座椅磨损状况（图4-33），已经褶皱、塌陷。

【例4】 15万多km的车辆驾驶座位置车门侧塌陷情况（图4-34），靠近车门一侧有较严重的塌陷。

图4-33　11年车龄12.95万多km的马自达车主驾驶座椅磨损状况示意图

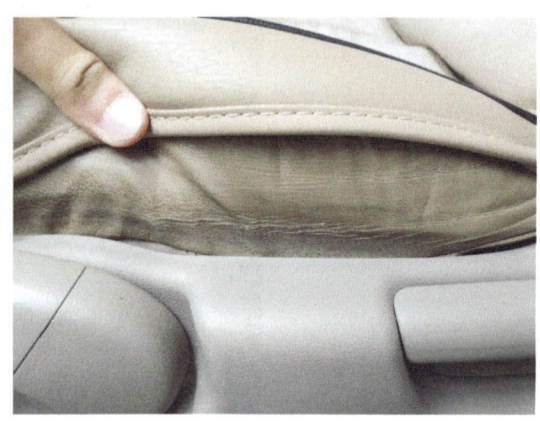

图4-34　15万多km的车辆驾驶座位置车门侧塌陷情况

四、检查车门饰板的磨损情况判断是否为调表车

车门饰板首先要检查扶手位置，上了一定里程的车辆会看到磨损及油光（图4-35）。

其次，检查车门上开关键磨损情况（图4-36），车门上开关键用了一定年限后会磨光或掉字，如果出现掉字，车辆一般行驶20万km以上。

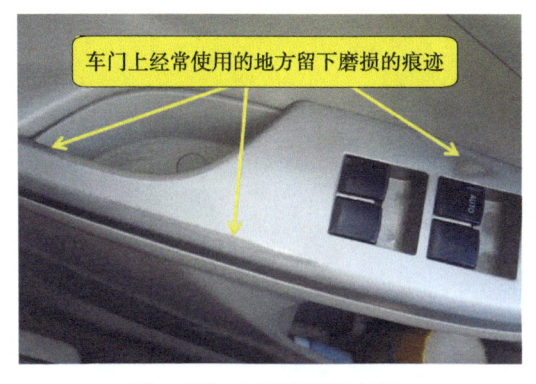

图 4-35　车门饰板的检查 　　　　　　图 4-36　车门开关按键检查示意图

五、检查变速杆的磨损情况判断是否为调表车

只要开车，肯定用到变速杆。使用多了，变速杆头就会留下磨损的痕迹。使用里程越多，磨损就越明显（图 4-37）。另外，使用一定年限的车的变速杆防尘套会老化掉皮，有些车会更换新的（图 4-38）。

图 4-37　变速杆磨损检查示意图 　　　　图 4-38　变速杆防尘大检查示意图

【例1】7 年车龄 14.7 万 km 骐达车的变速杆磨损状况如图 4-39 所示，变速杆头部已经磨光。

【例2】10 年车龄、行驶 25 万 km 变速杆磨损状况如图 4-40 所示，变速杆头部磨损严重。

六、检查离合器、制动、加速踏板的磨损情况判断是否为调表车

加速踏板使用频率最高，其次是离合器踏板、制动踏板，这三个踏板反映了车辆的使用状况（图 4-41）。

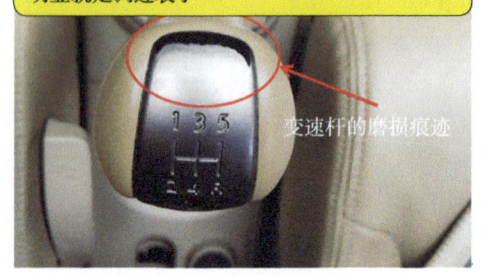

图 4-39　7 年车龄 14.7 万 km 骐达车变速杆磨损状况示意图

图 4-40　10 年车龄 25 万 km 的车变速杆的磨损状况示意图

（变速杆的磨损痕迹）

这是一辆已行驶 14.7 万 km 的骐达车的变速杆真实磨损情况，如果仪表上里程只有 8 万 km，明显就是调过表了

【例 1】14.7 万 km 的骐达车三个踏板的磨损状况如图 4-42 所示。

这是一辆 4 万多 km 的车的制动踏板，沟槽很深，基本上没有磨损

离合器、加速、制动踏板也是检查的重点，有一定里程的车的这几个踏板都会磨得比较光亮。这是一辆 14.7 万 km 多的车的三个踏板，如果表上显示 8 万 km 左右，就是明显调过表了

图 4-41　检查加速、制动踏板的磨损状况

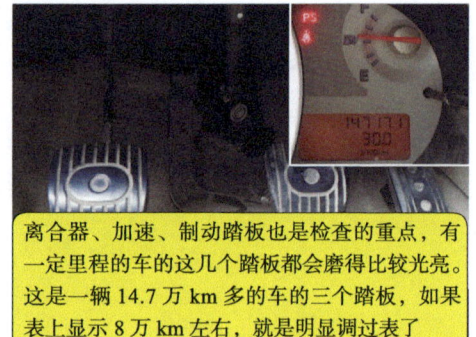

图 4-42　14.7 万 km 的骐达车三个踏板的磨损状况示意图

【例 2】23 万 km 的车辆三个踏板的磨损状况如图 4-43 所示，加速踏板、离合器踏板磨损都比较严重。

【例 3】行驶里程过 30 万 km 的车辆的三个踏板的磨损状况如图 4-44 所示，三个踏

23 万 km 多的车辆的三个踏板磨损痕迹，如果表上显示 10 万 km 多，肯定是调表车

30 万 km 多的车辆的三个踏板的磨损情况

图 4-43　23 万 km 的车三个踏板的磨损状况示意图

图 4-44　30 万 km 的车辆的三个踏板的磨损状况示意图

板破损都非常严重。

七、检查制动片的磨损情况判断是否为调表车

制动盘的磨损状况可以在一定程度上反映一辆车的行驶里程。正常情况下 10 万 km 无须更换（图 4-45）。检查时要特别注意，制动盘内侧磨损要比外侧大（图 4-46）。如果一辆使用了 5 年以上的车，制动盘却很新，那说明这辆车更换过制动盘，其行驶里程肯定要超过 10 万 km。

图 4-45　检查制动盘的磨损状况

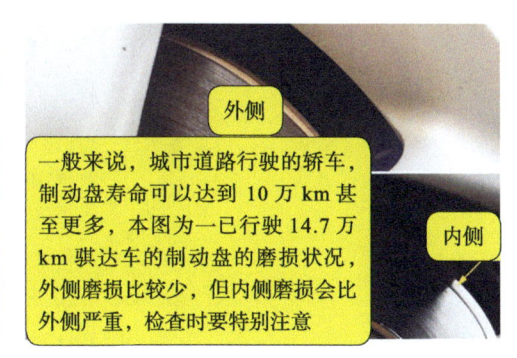

图 4-46　制动盘内侧比外侧的磨损大

八、检查轮胎的磨损情况判断是否为调表车

轮胎在三四万 km 磨损一般不太明显（图 4-47），另外就是用比对轮胎生产日期是不是在整车出厂之后，判断轮胎是不是更换过（图 4-48），更换轮胎的次数也是判断车辆里程的依据之一。

图 4-47　检查轮胎磨损判断行驶里程

二手车鉴定与评估

2009 年 11 月出厂的车

2015 年 37 周生产的轮胎

这是一辆使用了 2 万 km 多的骐达轿车的轮胎，磨损很少。根据车辆的出厂日期和轮胎的生产日期，可以判断这是更换过的新胎

图 4-48 用比对生产日期判断轮胎是否更换过

九、读取变速器行驶里程，判断是否为调表车

调表车一般只调仪表上的里程表，俗称表显里程（图 4-49）。有些车型的变速器 ECM 也会同步车辆行驶里程，使用专用诊断仪就可以读出变速器行驶里程（图 4-50）。在鉴定调表车时可以利用专用设备读取变速器的行驶里程，通过鉴定两者里程是否一致判断是否为调表车（图 4-51）。

表显里程 24117km

专用诊断仪检测出来的变速器里程数有 24112km，和表显里程基本一致，此车没有调过表

图 4-49 一辆宝马 740 轿车的表显里程 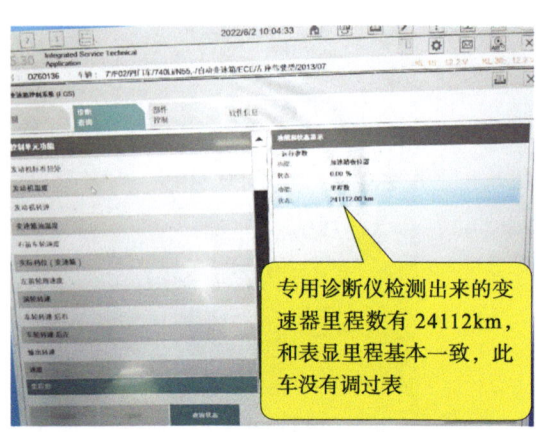　　　　图 4-50 使用宝马专用诊断仪检测变速器里程

读取变速器里程的仪器主要有两种。一种是汽车品牌专用的故障诊断仪，这是汽车

130

生产厂商专供给汽车 4S 店的，二手车商和汽车修理厂是买不到的。另外一种就是通用型故障诊断仪，比如元征 431 故障诊断仪；还有专用二手车检测诊断仪，比如 AIDTOOLS 二手车检测仪，可以读取汽车上多个控制系统记录的行驶里程。

图 4-51　通过变速器里程和表显里程比对判断是否为调表车

十、读取 ABS 行驶里程，判断是否为调表车

ABS 由 ABS 控制单元、轮速传感器等部件组成，有些车型会记录车辆的行驶里程，可以用诊断仪进去 ABS 读取数据流，在数据流上会看到行驶里程，然后再和表显里程比对判断是否为调表车（图 4-52）。

图 4-52　通过 ABS 里程和表显里程比对判断是否为调表车

十一、调表车案例

图 4-53 所示为一辆已行驶 7 年的标致 308 轿车（图 4-53），仪表上显示里程为 60610km（图 4-54）。检查后发现制动片已更换，制动盘磨损沟槽较深（图 4-55）（前驱车辆前轮制动片、前制动盘磨损要比后轮快，一般前轮更换两次后轮才更换一次），轮胎已更换为 2013 年生产的轮胎，并且已磨损至极限 1.6mm（图 4-56）。制动、加速踏板也有一定磨损（图 4-57）。

图 4-53　2009 年 10 出厂的标致 308

图 4-54　仪表显示公里数为 60610km

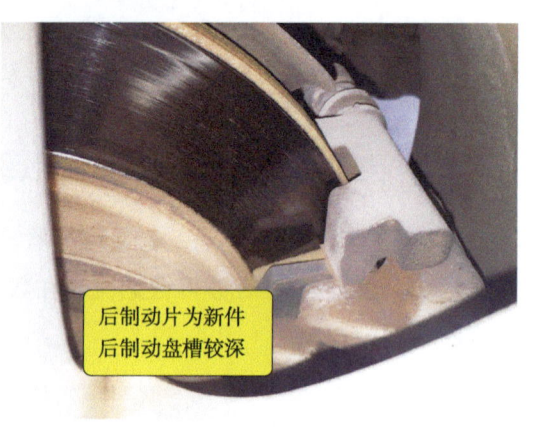

图 4-55　后制动片已更换

图 4-56　已更换了 2013 年生产的轮胎

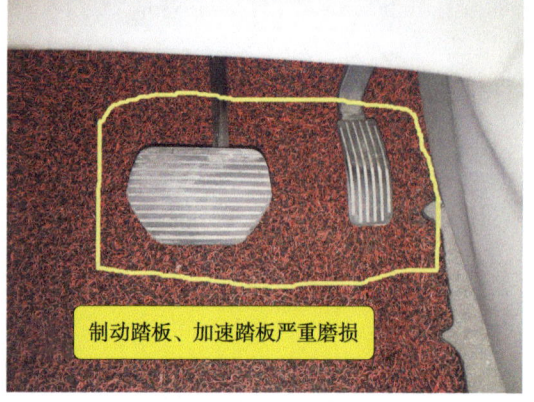

图 4-57　制动踏板、加速踏板磨损严重

综合以上检查，经验判断此车实际行驶里程应为 10 万 km 以上，判定这是一辆调表车。

> ⚠ **特别提醒**：为了个人利益，二手车市场出现不少的调表车，这是非常不正常的现象。不管是个人行为还是公司行为都是违反诚实守信原则的，我们要坚决予以抑制。另外，作为一名二手车的从业者，也要学会过硬本领，结合先进的检测工具和各种手段，揭穿这种不良行为，还二手车市场一个健康的环境。

学习任务三　精修车的鉴定

一、什么是精修车

二手车鉴定中的精修车，就是对发生过事故的车辆采用现代化的维修手段、材料进行维修，恢复原有的车辆的结构、外观的车辆。精修车在维修过程中需要用到一些特殊工具、维修工艺，没有丰富的经验，不使用一些专门检测工具难以甄别出来。精修车常用的维修手段主要有以下几种。

1. 能拆装的外观件更换新件，对拆装过的螺栓在装配好后进行重新喷漆处理

对于一些能拆卸的外观件，事故受损变形后最好的精修方法就是更换新件。但更换时需要拧动螺栓，会在螺栓头上留下拧动的痕迹，在更换后需要对固定螺栓做喷漆处理（图4-58）。

2. 重新制造假焊点

原车制造时，A、B、C柱，后翼子板等双层材料的结构件采用电阻点焊，焊接时会留有不规整的焊点，而事故钣金修复后，焊点会被敲平，或喷漆时被腻子填满（图4-59）。

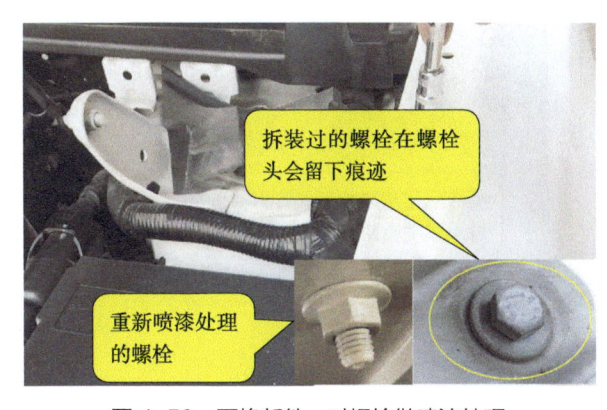

图4-58　更换新件，对螺栓做喷漆处理　　　图4-59　原厂焊点和事故修复后无焊点对比

在做精修时，为营造没有事故的假象，会做假焊点蒙骗购车者。目前制作假焊点主要使用电钻钻出假焊点（图4-60），以及模拟原厂焊接制造假焊点（图4-61）的方式。

用电钻钻出焊点，检测时必须要用漆膜厚度检测仪检测漆膜厚度，如果没有专业仪器，单凭经验容易误判

模拟原厂焊接制造假焊点

图4-60 用电钻制造假焊点　　　图4-61 模拟原厂焊接制造假焊点

3. 切割焊接口精细打磨，无腻子钣金修复

对一些需要切割才能更换的部件，在接口钻孔或打坡口焊接然后进行精细打磨（图4-62），使焊口过渡非常平滑，再喷漆几乎不需要补腻子，在鉴定时无法使用漆膜厚度检测仪进行甄别，因为检测出来的漆膜厚度和周边部位是一样的。

4. 补腻子灰时渗入与基材一样的金属粉末（金属腻子）

汽车外观件基材一般是铁锌合金或铝材，汽车外观受损修复后喷漆前需要在基材表面补腻子磨平才能喷漆（图4-63），喷漆后用漆膜检测仪检测时，漆膜厚度会比较大（检测时补的腻子厚度和喷漆漆膜厚度会一起检测出来），就容易甄别此处事故维修过。如果补腻子时使用的是金属腻子，金属腻子是一种通过混合金属粉末而改变普通腻子电磁性质的技术，会使传统的检测仪无法准确判断汽车漆面厚度。

对焊接口进行精细打磨，无腻子修复，喷漆后漆膜厚度检测仪测出的漆膜厚度和旁边的数值一样

喷漆前补腻子刮平

喷漆后用漆膜检测仪检测时，漆膜厚度会比较大

图4-62 焊口精细打磨处理　　　图4-63 喷漆前补腻子灰处理

5. 故意做旧维修部位

事故车刚维修过或更换了新件的地方会比较新，新旧差别往往容易鉴别。精修车为

了不让购车者发现，对拆装过的螺栓故意做旧处理（图 4-64），让人难以甄别。

6. 切割位置与正常维修切割位置不一样

精修车为了避开有经验的二手车鉴定评估师的检测，维修时不按常规套路出牌。在切割时选择避开常规切割位置（图 4-65），如果仅用漆膜检测仪检测常规切割位置将无法检出。

图 4-64　螺栓做旧处理　　　　图 4-65　正常切割位置与非正常切割位置

二、检测精修车的工具与方法

1. 使用新型专业版漆膜厚度检测仪

专业版漆膜厚度检测仪可以检测基材的材料，检测时对全车不同部位进行检测。如果车辆做过精修喷漆（使用金属腻子），喷过漆的部位显示的基材与原版油漆会不一样，由此可以判断此部位喷过漆（图 4-66）。

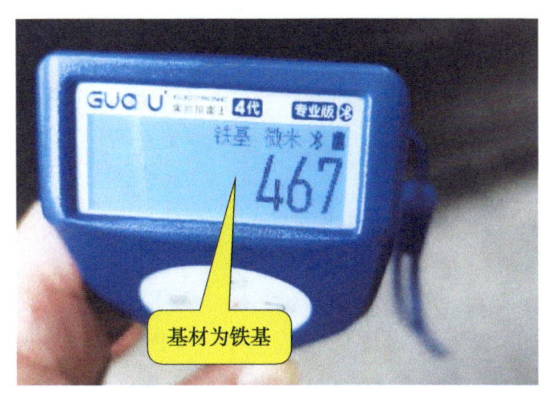

图 4-66　专业版漆膜厚度检测仪检测漆膜厚度

2. 拆下内饰从内部检查，重点检查切割位置

精修车维修时为了节约成本，在修复时一般只更换最外层的覆盖件，而支撑外层覆盖的内骨（内衬）只做校正修复，所以在检测此类精修车时，需要从内部进行检测（图4-67）。更换新件从外部是比较难检测出来的（图4-68），从内部检查时会发现有钣金敲打修复的痕迹（图4-69），但需要拆卸内饰才能检查出来，在检测时还需征得客户的同意。

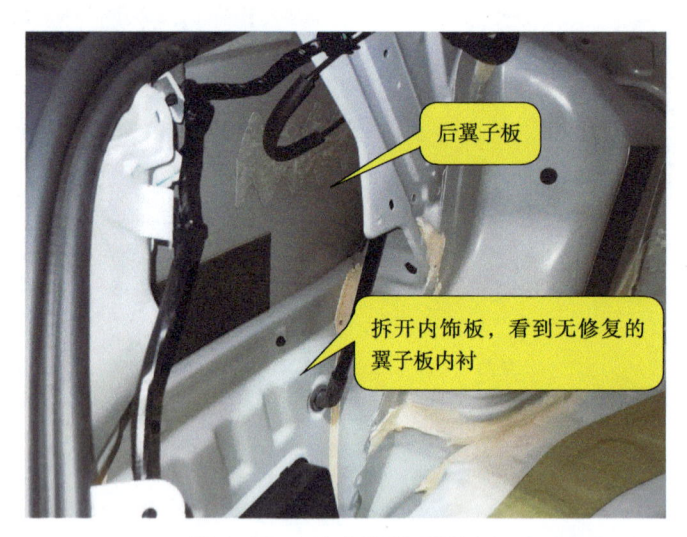

图 4-67　无修复的翼子板内衬

图 4-68　更换翼子板后的效果 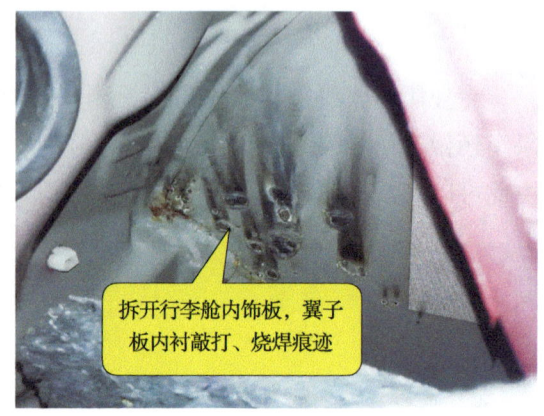　　　　图 4-69　修复过的翼子板内衬

3. 查询维修记录

通过各种渠道查询车辆的维修记录，比如4S店、修理厂还有各种APP，比如汽修宝、车300专业版、车况查询等APP（图4-70）。根据维修记录对维修部位做重点检查，做到有的放矢。

图4-70 利用相关APP查询维修记录

三、精修车案例

在实际中，由于工艺比较复杂，维修费用比较高，做精修的一般都是高端轿车，低端轿车做精修无太大价值。

图4-71所示为一辆捷豹XE2.0T轿车，左后翼子板事故损伤。事故并不算严重，但为了保证维修质量，必须对左后受损的翼子板进行切割（图4-72），对翼子板内衬进行校正后更换上新的翼子板（图4-73）。精修时需对焊口进行精细打磨（图4-74），精细打磨后才能做到无腻子喷漆（图4-75）。

图4-71 事故受损的捷豹XE2.0T轿车

图 4-72　对受损的左后翼子板进行切割 　　　　图 4-73　换上新的左后翼子板

在做二手车鉴定时，需把行李舱左侧饰板拆下来从里面进行检查，会发现内衬有钣金敲打的痕迹

翼子板内衬变形，需修复后才能换上新的左后翼子板

换上新的左后翼子板

切割下来的受损左后翼子板

对焊口进行精细打磨，无腻子喷漆后用漆膜厚度检测仪检测时，测得的数值和周边的是一样的，将无法判断此处为焊口，收车鉴定时，必须拆开行李舱内饰板进行检查

精修喷漆后的捷豹 XE2.0T 轿车，和新车一样

图 4-74　对焊口进行精细打磨 　　　　图 4-75　修复喷漆后的捷豹 XE2.0T 轿车

> **特别提醒**：随着人们消费水平的不断提高，高端车在逐步进入大众老百姓的生活，普通维修技术已不能满足高端车的要求。高端车在维修时客户普遍要求进行精修恢复车辆的各方面性能，无可厚非，但也有人专门低价收购高端事故车，进行精修后，作为无事故二手车流入二手车市场，这种行为要坚决抵制，出售这样的车时一定要告知购买者真实情况。另外作为二手车的从业者，一定要配备必要的设备和提高鉴定精修车的技能，为二手车市场的健康发展做出应有的贡献。

复习思考题

1. 怎样鉴定调表车？
2. 怎样鉴定泡水车？
3. 鉴定泡水车的具体检查内容有哪些？

项目五
新能源二手车的鉴定

学习任务一 新能源汽车的分类

新能源汽车主要包括纯电动汽车、插电式混合动力汽车和增程式混合动力汽车（油电混合车型不属于新能源纯电动汽车）、氢能汽车。

一、纯电动汽车

纯电动车是指以车载动力电池为能源，用驱动电机驱动车轮行驶的乘用汽车。纯电动车的动力全部由车载动力电池提供，如果动力电池电量耗尽，就无法行驶，需要用充电桩对其充电。常见的纯电动车有比亚迪汉（图5-1）、特斯拉 MODEL Y（图5-2）、荣威 ERX5、北汽 EV200、日产聆风等。

图 5-1　比亚迪汉

图 5-2　特斯拉 MODEL Y

二、插电式混合动力车

插电式混合动力车是指同时具有电机和内燃机，而且两者都能提供动力输出，车身配有充电插口，可以用充电桩为车载动力电池充电。由电驱动和另外一个或多个能同时运转的单个驱动系统联合组成的汽车（主要是内燃机和电机混联），其动力电池的容量足够大，能够以纯电动的模式行驶较长里程。比如比亚迪秦（图 5-3）、吉利银河（图 5-4）。

它在行驶时有三种工作状态：纯电动行驶时发动机不起动；加速时发动机和电机同时输出动力；在减速时发动机停止工作，这样又能降低油耗，又能满足较好的动力输出。

图 5-3　比亚迪秦 　　　　　　　　　　图 5-4　吉利银河

三、增程式混合动力车

增程式混合动力车是指一种配有充电插口和具备车载供电功能的纯电能驱动的电动乘用汽车。目前该类型的车配备车载动力电池的同时还配备一个较小排量的发动机，但发动机不做动力输出。这类车通过消耗车载动力电池储存的电能来行驶，当系统判断电量低于一定储备时，配备的发动机会起动为车载动力电池充电，从而起到了增加行驶里程（增程）的作用。目前常见的增程式混合动力车辆有问界 M9（图 5-5）、理想 L9（图 5-6）等。

图 5-5　问界 M9 　　　　　　　　　　图 5-6　理想 L9

四、氢能汽车

氢能汽车，指以氢作为能源的汽车，将氢反应所产生的化学能转换为机械能以推动车辆，如图 5-7 所示。氢能汽车分为两种，一种是氢内燃机汽车，它通过燃烧氢气（通常通过分解甲烷或电解水取得）产生动力推动汽车。另一种是氢燃料电池电动汽车，它使氢或含氢物质与空气中的氧在燃料电池中反应产生电力，由电机推动车辆。目前发展方向以氢燃料电池电动汽车为主流方向。

图 5-7 丰田的氢能汽车

学习任务二　新能源汽车的鉴定与评估知识

目前市场上针对二手新能源车的交易规范主要还是参考燃油车的标准。对车辆的外观、内饰、底盘、机舱、常用功能、动态检测和车辆事故、泡水、调表、火烧排查等项目进行检查。新能源车鉴定主要是新增电动部分，包括动力电池（图 5-8）、电池管理系统（图 5-9）和驱动电机（图 5-10）。

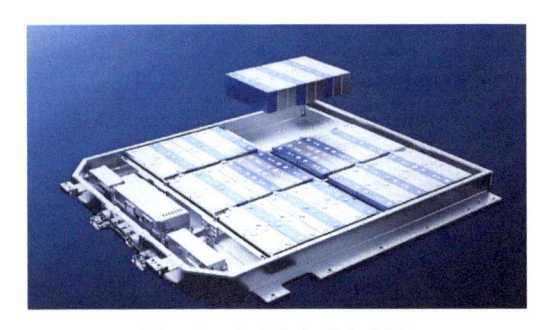

图 5-8　电动汽车动力电池　　　　图 5-9　电池管理系统

图 5-10　驱动电机

当前主流的电动汽车采用的是三元锂电池（特斯拉、宝马、北汽、江淮等）和磷酸铁锂电池（比亚迪）。锂电池存在衰减问题，但衰减周期其实很长。一块动力电池降至初始容量的80%以下时，就意味着车该报废了。

对于纯电动二手车，它可以通过电控系统检测动力电池电量使用情况（电池状态），比如动力电池使用寿命、衰减情况、电池能量密度、充放电次数等相关信息。有些车型，正常行驶状态，只能看到动力电池剩余电量（图5-11），看不到动力电池状态。有些车型在电控系统上通过菜单进入选择，就可以看到动力电池状态表（图5-12），在状态表中可以看到动力电池的衰减量，为鉴定车辆提供关键数据。

图5-11 电动汽车电量显示　　　　　图5-12 日产聆风仪表显示电池状态

电动车其他部分的检查。由于机械特性造成纯电动车磨损相对较小，所以里程对其影响也不会太大，只要像一般燃油车检查有没有过碰撞事故、泡水、调表就行了。

一、新能源二手车鉴定评估作业流程

二手车鉴定评估机构开展新能源二手车鉴定评估经营活动，应按图5-13所示流程作业，并填写《新能源二手车鉴定评估作业表》（附录A）。二手车经销、拍卖、经纪等企业开展业务涉及新能源二手车鉴定评估活动的，参照图5-13所示内容和顺序作业，即查验可交易车辆—登记基本信息—判别事故车—鉴定技术状况，并填写《新能源二手车技术状况表》（附录B）。

1. 受理鉴定评估

了解委托方及其车辆的基本情况，明确委托方要求，主要包括委托方要求的评估目的、评估基准日、期望完成评估的时间等。

1）查验机动车登记证书、机动车行驶证、有效机动车安全技术检验合格标志、车辆购置税完税证明、车船使用税缴付凭证、车辆保险单等法定证明、凭证是否齐全，并按照表5-1所列项目检查是否全部可判定为"Y"。

项目五　新能源二手车的鉴定

```
受理鉴定评估 ──→ 明确评估目的、评估对象和其他业务基本事项
     ↓
查验可交易车辆 ──→ 对不可交易车辆的，除特殊需要外，不进行技术鉴定和价值评估
     ↓
签订委托书 ──→ 拟订评估计划，安排鉴定评估人员
     ↓
登记基本信息 ──→ 车辆类别、名称、型号、生产厂家、初次登记日等
     ↓
⟨判别事故车⟩ ──→ 指出事故部位与事故状态，用代码表示
     ↓
鉴定技术状况 ──→ 检查车身及重要部件、计算技术状况分值、描述缺陷、评定技术等级
     ↓
评估车辆价值 ──→ 根据技术状况分值和鉴定评估目的，选择合适的评估方法进行价值评估
     ↓
撰写并出具鉴定评估报告 ──→ 向委托方出具鉴定评估报告
     ↓
归档工作底稿 ──→ 工作底稿单独汇编成册，每辆二手车都要单独建立档案
```

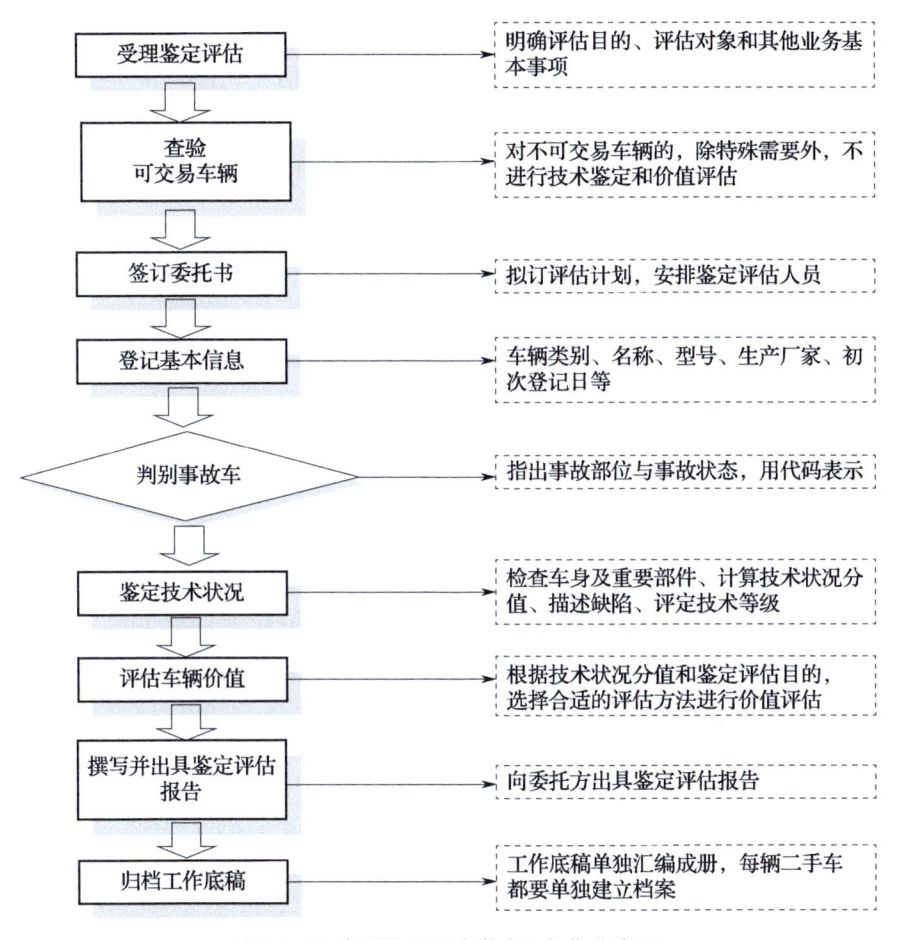

图 5-13　新能源二手车鉴定评估作业流程

表 5-1　可交易车辆判别表

序号	检查项目	判别	
1	未达到国家强制报废标准	Y（是）	N（否）
2	未在抵押期间或海关监管期间	Y（是）	N（否）
3	未处于人民法院、检察院、行政执法等部门依法查封、扣押期间的车辆	Y（是）	N（否）
4	未确定为盗窃、抢劫、诈骗等违法范围手段获得的车辆	Y（是）	N（否）
5	发动机号与机动车登记证书登记号码是否一致，且无凿改痕迹	Y（是）	N（否）
6	车辆识别代号或车架号码与机动车登记证书登记号码是否一致，且无凿改痕迹	Y（是）	N（否）
7	未确定为走私、非法拼组装车辆	Y（是）	N（否）
8	未确定为法律法规禁止经营的车辆	Y（是）	N（否）

2）如发现上述法定证明、凭证不全，或表 5-1 检查项目任何一项判别为"N"的车辆，应告知委托方，不需继续进行技术鉴定和价值评估（司法机关委托等特殊要求的除外）。

3）发现法定证明、凭证不全，或者表 5-1 中第 1 项、4 项至 8 项任意一项判断为"N"的车辆，应及时报告公安机关等执法部门。

2. 签订委托书

对相关证照齐全、表 5-1 检查项目全部判别为"Y"的，或者司法机关委托等特殊要求的车辆，填写《新能源二手车鉴定评估委托书》。

3. 登记基本信息

1）登记车辆使用性质信息，明确营运与非营运车辆。

2）登记车辆基本情况信息，包括车辆类别、品牌型号、号牌号码、车辆生产厂家、注册日期、发证日期、表征行驶里程、动力性质等。如果表征行驶里程与实际车况明显不符，应在填写《新能源二手车鉴定评估报告》或《新能源二手车技术状况表》有关技术缺陷描述时予以注明。

4. 判别事故车

1）参照图 5-14 所示车体部位，按照表 5-2 要求检查车辆外观，判别车辆是否发生过碰撞、水泡、火烧，确定车体结构是否完好无损或者有事故痕迹。

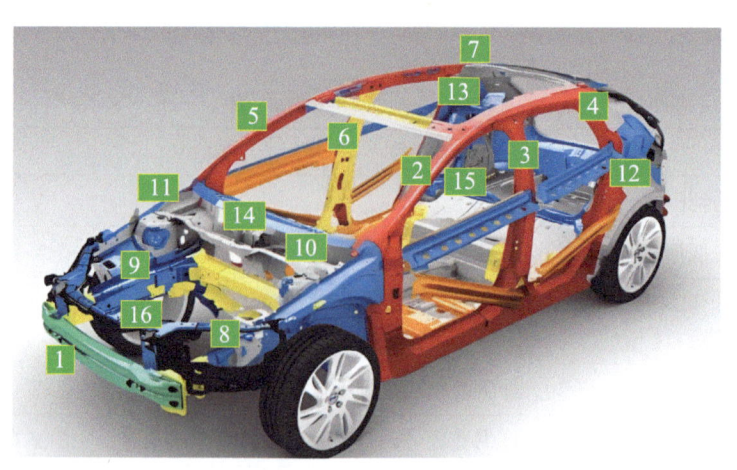

图 5-14 车体结构示意图

1—车体对称性 2—左A柱 3—左B柱 4—左C柱 5—右A柱 6—右B柱 7—右C柱
8—左前纵梁 9—右前纵梁 10—左前减振器悬架部位 11—右前减振器悬架部位
12—左后减振器悬架部位 13—右后减振器悬架部位 14—前围板部位 15—车底板部位 16—散热器框架部位

2）使用漆膜厚度仪对车体覆盖件表面进行检测；使用全自动电子车身检测仪、车辆结构尺寸测量工具或设备对车体结构部件或车体左右对称性精心检测。

3）根据表 5-2、表 5-3 对车体状态进行缺陷描述。即：序号（车体部位）+ 状态。例：2BX，即：左 A 柱有变形痕迹。

4）当表 5-2 中任何一个检查项目存在表 5-3 中对应的缺陷时，则该车为事故车。

表 5-2　车体检查项目表

序号	检查项目	序号	检查项目
1	车体左右对称性	10	左前减振器悬架部位
2	左 A 柱	11	右前减振器悬架部位
3	左 B 柱	12	左后减振器悬架部位
4	左 C 柱	13	右后减振器悬架部位
5	右 A 柱	14	前围板部位
6	右 B 柱	15	车底板部位
7	右 C 柱	16	散热器框架部位（非拆卸式）
8	左前纵梁	17	其他（只描述缺陷，不扣分）
9	右前纵梁		

表 5-3　车辆缺陷状态描述对应表

代表字母	BX	NQ	GH	SH	ZZ
缺陷描述	变形	扭曲	更换	烧焊	褶皱

5. 鉴定车辆技术状况

1）按照车身、驾驶舱、电控及仪表、路试、底盘、动力电池系统、电机及电控等项目顺序检查车辆技术状况。

2）根据检查结果确定车辆技术状况的分值。总分为各个鉴定项目分值累加，即鉴定总分 =Σ 项目分值，满分 100 分。

3）根据鉴定分值，按照表 5-4 确定车辆对应的技术等级。

表 5-4　车辆技术状况等级分值对应表

技术状况等级	分值区间
一级	鉴定总分 ≥ 90
二级	60 ≤ 鉴定总分 < 90
三级	20 ≤ 鉴定总分 < 60

（续）

技术状况等级	分值区间
四级	鉴定总分 < 20
五级	事故车 =0

6. 评估车辆价值

1）根据车辆技术状况分值和技术等级，以及鉴定评估目的，选择评估方法，并对车辆价值进行评估。

2）评估方法选用原则：一般情况下，推荐选用现行市价法；在无参照物、无法使用现行市价法的情况下，选用重置成本法。

3）现行市价法的运用方法：评估价值为相同车型、配置和相同技术状况鉴定检测分值的车辆近期的交易价格；如无参照，可从本区域本月内的交易记录中调取相同车型、相近分值，或从相邻区域的成交记录中调取相同车型、相近分值的成交价格，并结合车辆技术状况鉴定分值加以修正。

4）当无任何参照物车辆时，使用重置成本法计算车辆价值。车辆评估价值 = 更新重置成本 × 综合成新率。

①更新重置成本为在评估基准日购买一辆与被评估车辆车型、配置完全相同的新车并处于在用状况所花费的全部成本。

②综合成新率由年限成新率与技术鉴定成新率组成，即：综合成新率 = 年限成新率 × α+ 技术鉴定成新率 × β。

其中，年限成新率 = 预计车辆剩余使用年限 / 车辆使用年限（乘用车使用年限为 15 年，超过 15 年的按实际年限计算；有年限规定的车辆、营运车辆按实际要求计算）；技术鉴定成新率 = 车辆技术状况分值 /100；α、β 分别为年限鉴定成新率与技术成新率权重系数，由评估人员根据市场行情、电池剩余质保、是否可以更换电池等因素确定，且 $\alpha+\beta=1$。

5）在同款车型停产，更新重置成本难以计算的情况下，应选取型号、配置最接近的新车，并单独计算电池的价值，以此计算重置成本。

7. 撰写及出具鉴定评估报告

1）根据车辆技术状况鉴定登记和价值评估结果等情况，按照要求撰写《新能源二手车鉴定评估报告》，做到内容完整、客观、准确，书写工整。

2）按委托书要求及时向客户出具《新能源二手车鉴定评估报告》，并由鉴定评估师与复核人签字、鉴定评估机构加盖公章。

8. 归档工作底稿

将《新能源二手车鉴定评估报告》及其附件与工作底稿独立汇编成册，存档备查，每一辆二手车都要单独建立档案。档案保存一般不低于 5 年；鉴定评估目的涉及财产纠纷的，其档案至少应当保存 10 年；法律法规另有规定的，从其规定。

二、新能源二手车技术状况鉴定

1. 车身外观

1）车身外观部位及对应序号如图 5-15 和表 5-5 所示。参照图 5-15 所示，按照表 5-5 和表 5-6 要求检查序号 18~106 共 89 个项目，程度为 1 的扣 0.5 分，每增加一个程度加扣 0.5 分。共计 15 分，扣完为止。轮胎部分需高于程度 4 的标准，不符合标准时扣 1 分。

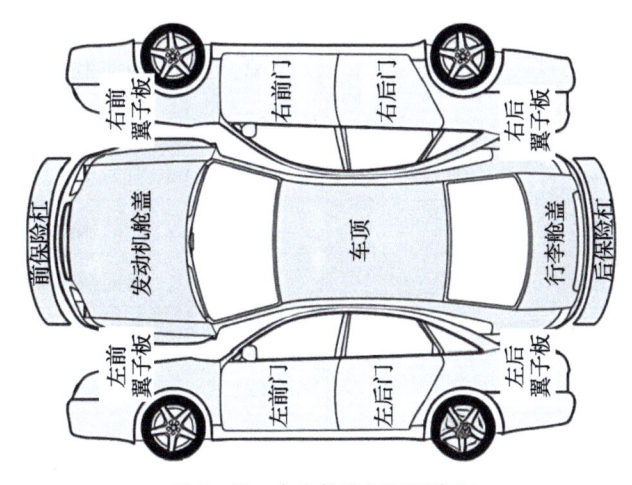

图 5-15 车身外观展开示意图

2）使用全自动电子车身检测仪、车辆外观缺陷测量工具或者漆膜厚度仪结合目测法对车身外观进行检测。

3）根据表 5-5、表 5-6 描述缺陷，车身外观项目的规范描述为：序号（车 55 身部位）+5 状态 +5 程度。

表 5-5 车身外观检查项目表

序号	外观部位	序号	外观部位
18	车顶	21	左侧底大边
19	车顶密封条	22	右侧底大边
20	天窗	23	左 A 柱

（续）

序号	外观部位	序号	外观部位
24	右A柱	52	右后车门密封条
25	左B柱	53	左前车窗玻璃密封条
26	右B柱	54	右前车窗玻璃密封条
27	左C柱	55	左后车窗玻璃密封条
28	右C柱	56	右后车窗玻璃密封条
29	左前翼子板	57	左前车门外拉手
30	右前翼子板	58	右前车门外拉手
31	左后翼子板	59	左后车门外拉手
32	右后翼子板	60	右后车门外拉手
33	左前翼子板内衬	61	左前车门铰链
34	右前翼子板内衬	62	右前车门铰链
35	左后翼子板内衬	63	左后车门铰链
36	右后翼子板内衬	64	右后车门铰链
37	左前车门	65	左前减振器支撑座
38	右前车门	66	右前减振器支撑座
39	左后车门	67	左后减振器支撑座
40	右后车门	68	右后减振器支撑座
41	左前车窗玻璃	69	前风窗玻璃
42	右前车窗玻璃	70	后风窗玻璃
43	左后车窗玻璃	71	前风窗玻璃密封条
44	右前车窗玻璃	72	后风窗玻璃密封条
45	左前门锁	73	前刮水片
46	后前门锁	74	后刮水片
47	左后门锁	75	前刮水器摇臂
48	右后门锁	76	后刮水器摇臂
49	左前车门密封条	77	前保险杠
50	右前车门密封条	78	后保险杠
51	左后车门密封条	79	车标

（续）

序号	外观部位	序号	外观部位
80	前机舱盖	94	左后轮毂
81	前机舱盖锁止开关	95	右后轮毂
82	前机舱盖铰链	96	左前轮毂罩
83	前机舱盖密封条	97	右前轮毂罩
84	前机舱盖支撑杆	98	左后轮毂罩
85	行李舱盖	99	右后轮毂罩
86	行李舱盖铰链	100	左前轮胎
87	行李舱盖密封条	101	右前轮胎
88	行李舱锁	102	左后轮胎
89	行李舱外拉手	103	右后轮胎
90	左后视镜	104	备胎支架
91	右后视镜	105	充电接口及护盖
92	左前轮毂	106	其他（只描述缺陷，不扣分）
93	右前轮毂		

表5-6　车身外观状态描述对应表

代表字母	HH	BX	XS	LW	AX	XF
缺陷描述	划痕	变形	锈蚀	裂纹	凹陷	修复痕迹

程度：1——面积≤100mm×100mm。
　　　2——100mm×100mm＜面积≤200mm×300mm。
　　　3——面积＞200mm×300mm。

2. 动力电池系统

1）采用目视法对动力电池系统进行外观检查，并确认动力电池系统基本数据（电池厂家、型号、额定电压、额定容量/能量）与原汽车生产厂家数据相一致；评估前需检查车辆充电功能，确保可正常进行交流、直流充电。

2）采用整车诊断仪读取动力电池系统数据，进行动力电池系统基本性能检查，无电池系统的电压、温度、绝缘等故障报警。

3）采用电量评估法测量动力电池系统可充入电量，或者采用容量评估法测量动力电池系统实际容量，并确认电池管理系统功能，实现动力电池系统评估。

4）依据车辆使用者出具的经过认定的或者车辆生产厂家、第三方监控平台提供的历史数据，从驾驶行为、充电行为和环境因素等方面进行动力电池系统辅助评估。

5）在评估过程中还需考虑动力电池系统质保年限、质保里程等相关因素。

6）评定方法。动力电池系统共计 30 分，其中外观检查 5 分，综合性能评价 20 分，动力电池质保评价 5 分。

①外观检查。按表 5-7 要求检查序号 107~118 共 12 个项目，选择 A 不扣分。其中 107~111 项选择 C 扣 5 分，112~117 项选择 C 扣 1 分，共计 5 分，扣完为止。

表 5-7 动力电池系统外观检查项目表

序号	检查项目	A	C
107	动力电池铭牌与出厂的基本数据一致	是	否
108	无起火痕迹	是	否
109	无腐蚀痕迹	是	否
110	无浸水痕迹	是	否
111	电池箱是原厂配件	是	否
112	电池箱固定件无松动、破损	是	否
113	电池冷却系统无渗漏、损坏	是	否
114	电池系统插接件无异常（松动、脱落、变形、腐蚀）	是	否
115	直流充电插座无异常（松动、脱落、变形、腐蚀）	是	否
116	交流充电插座无异常（松动、脱落、变形、腐蚀）	是	否
117	电池高低压线束及防护无破损腐蚀	是	否
118	其他（只描述缺陷，不扣分）		

②综合性能评价。综合性能评价包括电池当前电量（容量）状态及历史行为评估两部分，即：性能综合评价值 R= 电量（容量）可用状态 × 历史使用影响因素系数，即：

$$R = E_S(C_S) \times L$$

A. 电量（容量）可用状态（表 5-8）

电量（容量）可用状态计算公式为：

电量可用状态：$E_S = (E_C - E_{end}) / (E_r - E_{end})$

当 $E_C \geq E_r$ 时，$E_S = 1$；当 $E_C < E_r$ 时，$E_S = 0$

容量可用状态：$C_S = (C_C - C_{end}) / (C_r - C_{end})$

当 $C_C \geq C_r$ 时，$C_S = 1$；当 $C_C < C_r$ 时，$C_S = 0$

其中，实际电量（容量）[E_C（C_C）]：实际测试电量（容量）或通过历史数据估算值。

额定电量（容量）[Er（Cr）]：新车公告的电量（容量）。

电池寿命终止电量（容量）[E_{end}（C_{end}）]：达到电池寿命终止的电量（容量），按国家标准或厂家电池质保的电量（容量）。

表5-8 电量（容量）可用状态评分表

序号	检查项目	分值
119	电量（容量）可用状态[E_C（C_C）]	

a. 实际电量 E_C 测量方法

在室温（25±5）℃下按照以下顺序进行充电测试：

将动力电池系统调整至车辆所能达到的最低SOC。

将动力电池系统充电至满电状态，记录充入的电量 E。

如采用交流充电时，计算充入实际电量需考虑车载充电机的转换频率，实际电量 E_C 的计算公式为：

$$E_C = E \times 车载充电机的转换效率$$

b. 实际电量：C_C 测量方法

在室温（25±5）℃下按照以下顺序进行充放电测试。

放电：将动力蓄电池系统调整至车辆所能达到的最低SOC；或者使用放电设备以IC或按照制造商推荐的放电机制至制造商规定的放电截止条件，静置30min。

充电：使用充电设备以IC充电至制造商规定的充电截止条件或按照制造商推荐的充电机制充满电，充电电量为：C_C。

c. 基于历史数据的电量（E_C）、容量（C_C）估算法

评估机构优选实际测量方法。如果实际测量存在难度，可委托有相关技术能力和资质的第三方机构进行测量或者采用估算方法得到 E_C 或：C_C。评估机构如果采用历史数据进行电量、容量估算时，应取得车辆所有者授权，并在报告上注明数据来源、数据周期、评估方法、估算结果、估算结果置信度等信息。

B. 历史使用影响因素系数

历史使用影响因素系数为根据驾驶行为、充电行为和运行环境等因素进行评估所得的比例系数，依据车辆使用者出具的经过认定的电池数据或者车辆生产厂家、第三方监控平台等提供的电池运行数据求得，包括日均使用时间系数（$L1$）、次均充电SOC系数（$L2$）、快慢充比系数（$L3$）、运行温度在10~45℃的频次占比系数（$L4$）。

历史使用影响因素系数最大值为 1。如果不能提供该历史数据，系数应取 0.9。

a. 日均使用时间系数（$L1$，表 5-9）。

$$日均使用时间 = 车辆每日使用时间的平均值（T_{day}）$$

表 5-9 日均使用时间因素评分表

序号	日均使用时间 /h	$T_{day} < 1$	$1 \leq T_{day} < 4$	$T_{day} \geq 4$
120	系数（$L1$）	0.98	1.0	0.97

b. 次均充电 SOC 系数（$L2$，表 5-10），参比最佳电池放电深度。

$$次均充电 SOC = 所有充电结束 SOC 与充电起始 SOC 之差的平均值$$

表 5-10 次均充电 SOC 评分表

序号	次均充电 SOC	次均充电 SOC < 70%	次均充电 SOC ≥ 70%
121	系数（$L2$）	1.0	0.98

c. 快慢充比系数（$L3$，表 5-11），参比电池最佳充电倍率。

$$快慢充比 = 快充次数 / 慢次数$$

表 5-11 快慢充比评分表

序号	快慢充比	快慢充比 < 0.5	0.5 ≤ 快慢充比 < 1	快慢充比 ≥ 1
122	系数（$L3$）	1.0	0.98	0.95

d. 运行温度在 10~45℃ 的频次占比系数（$L4$，表 5-12），参比电池最佳运行温度。

$$运行温度在 10\text{~}45℃ 的频次占比 = 温度在 10\text{~}45℃ 的运行时间 / 总的运行时间$$

表 5-12 运行温度频次占比评分表

序号	运行温度在 10~45℃ 的频次占比	占比 ≥ 60%	40% ≤ 占比 < 60%	占比 < 40%
123	系数（$L4$）	1.0	0.98	0.95

历史运行数据影响因素系数计算公式为：$L = L1 \times L2 \times L3 \times L4$

C. 综合性能评价值

综合性能评价值计算方法为：

$$R = E_s(C_s) \times L$$

按照表 5-13，根据综合性能评价值 R 对电池系统进行评分，总计 20 分。

表 5-13 电池系统综合性能评价值评分表

序号	综合性能评价值 R	R<0.1	0.1≤R<0.2	0.2≤R<0.3	0.3≤R<0.4	0.4≤R<0.5	0.5≤R<0.6	0.6≤R<0.7	0.7≤R<0.8	0.8≤R<0.9	R≥0.9
124	综合性能评价值	0	3	6	8	10	12	14	16	18	20

③电池质保评价。电池质保评分计算电池的剩余质保时间比和剩余质保里程比，取二者最小值作为评分依据。

电池质保评分 A（表 5-14）计算公式为：$A=As×5$（保留 1 位小数）

其中，电池质保评分系数 As：$As=Min(Ts，Ds)$，As 取值为 Ts 和 Ds 中的较小值；

剩余质保时间比：$T_S=(T_{max}-T_C)/T_{max}$；当 $T_C>T_{max}$ 时，$T_S=0$；

剩余质保里程比：$D_S=(D_{max}-D_C)/D_{max}$；当 $D_C>D_{max}$ 时，$D_S=0$；

行驶里程（D_C）：车辆当前的行驶千米数；

电池质保里程（D_{max}）：厂家提供电池质保千米数；

电池使用时间（T_C）：车辆注册登记后的累计使用时间；

电池质保时间（T_{max}）：厂家提供电池质保时间。

表 5-14 电池质保评分表

序号	检查项目	分值
125	电池质保评分 A	

3. 电机及控制器

1）采用目视法对电机、控制器进行外观检查，并确认电机、控制器基本数据与原车辆生产厂家数据相一致，电机系统外观及高低压连接正常，电机无异响。

2）采用整车诊断仪读取电机系统数据，无电机系统故障报警。

3）检查评定方法。按表 5-15 对电机系统进行外观检查，检查序号 126~135 共 10 个项目。选择 A 不扣分；126~129 项选择 C 扣 5 分；130~134 项选择 C 扣 1 分。共计 5 分，扣完为止。

表 5-15 电机及控制器检查项目表

序号	检查项目	A	C
126	铭牌字迹和内容清楚，与出厂的基本数据一致	是	否
127	无起火痕迹	是	否

（续）

序号	检查项目	A	C
128	无腐蚀痕迹	是	否
129	无浸水痕迹	是	否
130	电机和控制器表面无碰伤、划痕	是	否
131	电机冷却系统无渗漏、损坏	是	否
132	电机系统插接件无异常（松动、脱落、变形、腐蚀）	是	否
133	电机系统高低压线束及防护无破损腐蚀	是	否
134	驱动电机和控制器安全搭铁检查合格	是	否
135	其他（只描述缺陷，不扣分）		

4. 驾驶舱

按照表5-16的要求检查序号136~158共23个项目。选择A不扣分；第136项选择C扣1.5分；第137、138、144项选择C扣0.5分；其余项目选择C扣1分。共计12分，扣完为止。

表5-16　驾驶舱检查项目表

序号	检查项目	A	C
136	车内无水泡痕迹	是	否
137	车内后视镜完整、无破损	是	否
138	座椅完整、无破损	是	否
139	座椅调节功能	是	否
140	座椅加热和通风	是	否
141	中控物理按钮	是	否
142	中控显示屏及触控外观	是	否
143	出风口无裂痕，配件无缺失	是	否
144	车内整洁、无异味	是	否
145	转向盘自由行程转角小于15°	是	否
146	车顶及周边内饰无破损、松动及裂缝和污迹	是	否
147	仪表板无划痕，配件无缺失	是	否
148	变速杆手柄及护罩完好、无破损	是	否
149	储物盒无裂痕，配件无缺失	是	否
150	天窗移动灵活、关闭正常	是	否
151	门窗密封条完整、功能正常	是	否

（续）

序号	检查项目	A	C
152	安全带结构完整、功能正常	是	否
153	驻车制动系统灵活有效	是	否
154	玻璃窗升降器、门窗正常工作	是	否
155	左、右后视镜折叠装置工作正常	是	否
156	气囊完整、功能正常	是	否
157	头枕完整、无破损	是	否
158	其他（只描述缺陷，不扣分）		

5. 电控及仪表

按照表 5-17 要求，检查序号 159~170 共 12 个项目。选择 A 不扣分；第 159、160 项选择 C 扣 1 分；第 161 项选择 C 扣 0.5 分；第 162~165 项，选择 C 扣 0.3 分；第 168~169 项选择 C 扣 5 分。共计 10 分，扣完为止。

如检查第 160 项时发现仪表板指示灯显示异常或出现故障报警，则应查明原因，并在《新能源二手车鉴定评估报告》或《新能源二手车技术状况表》的技术状况缺陷描述中予以注明。

优先选用整车诊断仪对车辆技术状况进行检测。

表 5-17 电控及仪表检查项目表

序号	检查项目	A	C
159	车辆可正常上电（中控大屏和仪表点亮）	是	否
160	仪表板指示灯显示正常，无故障报警	是	否
161	各类灯光和调节功能正常	是	否
162	泊车辅助系统工作正常	是	否
163	制动防抱死系统（ABS）及各种扩展功能工作正常	是	否
164	空调系统风量、方向调节、分区控制、自动控制、制冷工作正常	是	否
165	车载摄像头能够正常识别并显示	是	否
166	车载电话/音响系统可连接可工作	是	否
167	车载智能系统（中控大屏）开启正常，无死机/黑屏等故障	是	否
168	电机启动正常（需要使用举升机或将车轮架起）	是	否
169	电机无异响，空档状态下逐渐增加电机转速，声音过渡无异响（需要使用举升机或将车轮架起）	是	否
170	其他（只描述缺陷，不扣分）		

6. 路试

按表 5-18 要求检查序号 171~180 共 10 个项目。选择 A 不扣分；选择 C 扣 2 分。共计 15 分，扣完为止。

如果检查第 171 项时发现动力系统故障，第 175 项制动系统出现制动距离长、跑偏等不正常现象，则应在《新能源二手车鉴定评估报告》或《新能源二手车技术状况表》的技术缺陷描述中予以注明，并提示修复前不宜使用。

路试要求：需要 20 min 以上测试，至少在 5km 以上行驶里程中，分别完成新能源二手车的起步、加速、匀速、减速、紧急制动等各种工况的检测。通过从低速到高速，从高速到低速的行驶，检查新能源二手车的操纵性能、制动性能、减振性能、加速性能、电机噪声、底盘噪声等情况，以鉴定新能源二手车的技术状况。路试测试项目也可以在底盘测功机上进行检测。

表 5-18 路试检查项目表

序号	检查项目	A	C
171	动力系统正常，无报警无故障	是	否
172	加速、动能回收工作正常	是	否
173	行车制动系最大制动效能在踏板全行程的 4/5 以内达到（装有自动调整间隙装置）	是	否
174	行驶无跑偏	是	否
175	制动系统工作正常有效、制动不跑偏	是	否
176	行驶过程中车辆底盘部位无异响	是	否
177	行驶过程中车辆转向部位无异响	是	否
178	行驶过程中车辆电机部位无异响	是	否
179	行驶过程中电池电量和剩余里程正常递减无异常	是	否
180	其他（只描述缺陷，不扣分）		

7. 底盘

按表 5-19 要求检查序号 181~196 共 16 个项目。选择 A 不扣分；选择 C 时每个故障点减 1 分；第 195 项选择 C 扣 8 分。其中底盘部分共计 10 分，扣完为止。

表 5-19 底盘检查项目表

序号	检查项目	A	C
181	转向节臂球销无松动	是	否
182	加三角臂球销无松动	是	否

（续）

序号	检查项目	A	C
183	传动轴防尘套无渗漏、无破损	是	否
184	转向机无损坏	是	否
185	万向节球笼无损坏	是	否
186	减振器无渗漏、无损坏	是	否
187	减振弹簧无破损	是	否
188	上摆臂无损坏	是	否
189	下摆臂无损坏	是	否
190	后桥缓冲胶套、防尘套无破损	是	否
191	制动盘无破损，无异常磨损	是	否
192	制动片无破损，无异常磨损，厚度符合要求	是	否
193	制动油管路无破损、无渗漏	是	否
194	制动鼓无破损，无异常磨损	是	否
195	电池箱外防护装置无变形	是	否
196	其他（只描述缺陷，不扣分）		

8. 功能性零部件

对表 5-20 中所示零部件进行序号 197~210 共 14 个项目检查。结构或功能损坏的，应在检测报告中进行缺陷描述。每个缺陷值减 0.5 分。其中功能性零部件部分共计 3 分，扣完为止。

表 5-20　功能性零部件检查项目表

序号	类别	零部件名称	序号	类别	零部件名称
197	随车附件	备胎	204	其他	机械式钥匙
198		千斤顶	205		遥控钥匙
199		轮胎扳手及随车工具	206		行李舱隔板
200		三角警示牌	207		汽车空调效果
201		灭火器	208		汽车音响品质
202		充电线缆或便携式随车充电器	209		制动液含水量
203		反光背心	210		冷却液冰点

9. 拍摄车辆照片

车辆拍照表见表 5-21，包含外观照片、驾驶舱照片、前机舱照片三类"标准照片"，以及缺陷部位带标尺的"附加照片"。

表 5-21　车辆拍照表

序号	具体部位	照片类型
1	正前视图	外观照片
2	正后视图	外观照片
3	左前 45°	外观照片
4	右后 45°	外观照片
5	充电接口及规格	外观照片
6	底盘	外观照片
7	前机舱	前机舱照片
8	前排座椅	驾驶舱照片
9	仪表板	驾驶舱照片
10	后排座椅	驾驶舱照片
11	中控台	驾驶舱照片
12	铭牌	驾驶舱照片
13	缺陷部位附加照片	附加照片

学习任务三　新能源汽车鉴定实务

新能源汽车和传统燃油汽车的事故、泡水、调表等技术鉴定基本是一样的，最大的不同是新能源汽车的三电系统鉴定，对于二手车来说，三电系统中动力电池又是重中之重，因为动力电池占整车价值的 60% 以上。

一、动力电池的检测

1. 动力电池外观的检测

动力电池位于汽车底盘的中后部，位置比较低。经过路况坎坷不平的道路时容易托底（图 5-16），造成动力电池壳体损坏，严重的造成电芯损坏漏液。在检测时要把车辆举升起来检查（图 5-17），检查动力电池外壳有无破损，电池有无漏液。

图 5-16　新能源汽车经过路况不好的道路容易托底

图 5-17　新能源汽车动力电池外壳事故破损

2. 动力电池免拆解各指标参数的分析

动力电池安装在汽车底部，不方便拆装，可以通过使用新能源汽车专用诊断仪和厂家后台的数据进行寿命和健康状态分析。

（1）**电池静态数据**　电池厂商、标称电池容量、电池包编码、生产日期、系统标称能量，这些数据可以从电池的名牌上获取（图 5-18）。

图 5-18 中，生产厂商：孚能科技（赣州）有限公司；标称容量：145A·h；生产编号：IGB01276619；产品能量：48.1A·h。

（2）**电池健康数据**　当前参考续驶里程、电池容量评分、内阻评分、自放电评分、电压一致性评分、温度一致性评分。

（3）**电池充放电数据**　总充电次数、充电电芯平均压差、快充比、次均充入 SOC、充电最高频率下的起始 SOC。

图 5-18　动力电池的静态数据

（4）**车辆行驶数据**　表显里程、年平均行驶里程、舒适温度（10~45℃）运行占比、行驶最高频率下的截止 SOC、行驶最高温度平均、行驶最低温度平均。

对于动力健康数据、电池寿命数据、车辆行驶数据可以通过汽修宝、车 300 专业版等 APP 获取，准确数据需要通过厂家后台提供。通过汽修宝获取相关案例：

图 5-19 所示为一辆小鹏汽车通过汽修宝 APP 查询到动力电池相关数据，标称续驶里程为 670km，当前参考续航里程 559km，下降了 16.6%，容量评分、内阻评分、自放

电评分、电压一致性评分、温度一致性评分都良好以上，说明电池健康状态良好。电池的充电次数只有 21 次，但快充比偏高，电池使用还不是很多，从行驶里程只有 4239km 也说明了这一点。

从获取的数据分析，可以判断这车动力电池健康状态良好，电池衰减不大。

图 5-19 动力电池的数据

3. 拆解检测

对于无法通过免拆解获取准确参数进行检测获得结果的动力电池，受客户的委托可以进行拆解检测。拆解后，必须把动力电池从车上拆卸下来，对动力电池外观、各主要性能指标进行检测（图 5-20）。

1）检查动力电池有无维修过（图 5-21），有无鼓包（图 5-22），电解液有无渗漏。从车上拆下电池包后，要对电池包做详细检查，检查是不是原厂的电池包，因为有些车可能因事故更换过，有些车可能因故障维修过，图 5-21 所示就是一个维修过的电池包，明显看到电池包缠有胶布。

图 5-20　把电池包从车上拆下检查

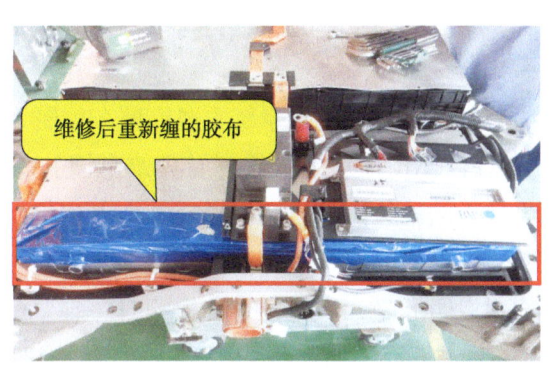

图 5-21　电池包曾经修理过

图 5-22　电池包鼓包把外壳撑变形了

检查完外观后才能一个个模组分解动力电池，然后对一个个模组进行检查，重点是检测每个模组的数据。

2）对动力电池充放电均衡进行检测。对电池包进行外观检测后再进行电芯的电压检测（图 5-23），然后进行充放电均衡检测（图 5-24），如果无法均衡的，则需要更换无法均衡的电芯或更换整个电池包。从图 5-23 所示可以看出 3 号电芯电压明显偏低，只有 2.998V，做均衡后也没有达到要求，只有 3.109V。此电池包必须修理或更换。

图 5-23　3 号电芯只有 2.998V，电池包需要做充放电均衡

图 5-24　电池包充放电均衡后，电压低的电芯达到要求

二、电控系统的检测

新能源汽车电控系统主要有整车控制系统（VCU）、电池管理系统（BMS）、电机控制系统（MCU）。在检测时首先给车辆上电，检查仪表上有无故障灯点亮，图5-25所示为动力电池故障灯点亮，说明动力电池控制系统出现故障。如果发现故障灯点亮，则需要使用新能源汽车故障诊断仪进一步进行检测（图5-26），找出具体的故障原因。需要特别说明的是，做电控系统检测时一定要配备新能源汽车专用的故障诊断仪，否则是无法进行检测的。大部分二手车经销商因为经营成本考虑是没有配备专用诊断仪的。

图5-25 仪表上动力电池故障灯点亮　　　图5-26 用诊断仪检测电控系统故障

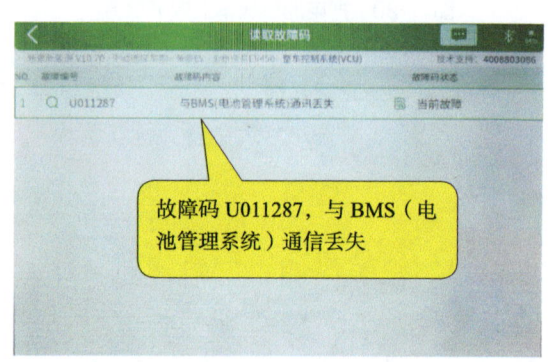

对于无故障灯点亮的车辆，要用诊断仪进到相应的系统看数据流，检查系统是否工作正常。例如进入电池包数据流，读取最高电压、最低电压、压差、单体电压，检查单体电压是否一致（图5-27）。

图5-27 用诊断仪读取系统数据流

三、电机的检测

目前新能源汽车使用的电机技术是比较成熟的，故障率比较低，主要是涉水或泡水造成电机进水损坏维修，检测时要检查电机固定螺栓、壳体螺栓有无拧动过的痕迹，据此判断电机是否维修过或更换过，如图5-28所示。

另外，要通过试车检测电机有无异响，新能源汽车电机泡水或使用一定年限后轴承容易产生异响（图5-29），要通过动态试车才能判定。

图 5-28 举升车辆检查电机有无拆装过

图 5-29 电机轴承容易产生异响

> **特别提醒**：新能源汽车的鉴定评估重点是三电系统，而重中之重是动力电池。目前二手车鉴定中还没有很好的鉴定动力电池的方法手段，主要通过厂家提供的一些数据进行分析，一方面需要厂家能提供数据，另一方面还要准确的数据。这需要厂家能负起责任，为新能源二手车市场健康发展提供强有力的支撑。

复习思考题

1. 写出新能源汽车的分类。
2. 如何评价动力电池综合性能？
3. 二手车收车时如何检测动力电池的各项数据？
4. 新能源汽车检测时能用传统燃油车诊断仪进行检测吗，动力电池电压一致性能用新能源汽车专用诊断仪读取吗？

项目六
二手车动态技术鉴定

鉴定二手车时，路试是必不可少的环节（图6-1），通过对发动机起动、怠速、起步、加速、匀速、滑行、强制减速、紧急制动，从低档位到高档位，再从高档位到低档位，检查车辆的动力性能、操控性能、制动性能、滑行性能、舒适性及排放情况等。

图6-1 二手车动态试验

一、二手车动态技术鉴定要领

1）路试时间最好为10~15min。如在旧车市场，可选择市场以外的道路。因为路试时间长，可以反映出车辆在不同行驶状态时的性能。

2）原地起步加速行驶，猛踩加速踏板看提速是否敏感。在坡路上检查车辆提速是否有劲。如果表现不佳，则说明发动机功率不足。车辆使用时间长，磨损加剧，都会损失功率，这是不可避免的。路试时，最好检查高速行驶时，感觉最高车速和参数上的差别，差距不应过大。

3）手动档车离合器应该接合平稳，分离彻底。离合器常出现的故障是打滑和分离不彻底，这些会造成挂档困难、行驶无力、爬坡无力、变速器齿轮发出撞击声、起步抖动等。

4）宽敞路面上，以15km/h速度行驶，转向盘向左、右转动，看是否灵活，能否自动回正。撒开转向盘不应跑偏。

5）用"点刹"法检查制动时，以 20km/h 车速行驶，急踩制动踏板然后松开，不应出现跑偏迹象。50km/h 车速时紧急制动，车辆应能立即减速，不应有跑偏迹象。然后，检查驻车制动的效果。

6）滑行性能检查时，以 30km/h 速度行驶，摘空档后，检查滑行距离，一般轿车不应少于 150m。

7）检查主减速器。在 40km/h 速度时，突然松开加速踏板，接着猛踩加速踏板，看主减速器是否发出较大的声响。

8）传动检查时，应在 50km/h 速度时，摘空档滑行，根据滑行距离估计车辆的传动效率是否高。不应有明显的阻滞情况。

9）检查减振系统时，应特意把车辆开到不平整路面或多弯的路面。如果有强烈的颠簸感觉，甚至发出沉闷的响声，都说明减振系统有问题。

10）半轴球笼的检查。使用一定年限的车辆半轴球笼会磨损。在过弯时注意听底盘有无异响，如有应检查半轴球笼。

11）下摆臂、平衡杆胶套的检查。把车开到有减速带的地方，过减速带时注意底盘的上下冲击声音，如果有特别硬的冲击声，有可能是下摆臂、平衡杆胶套磨损、破裂引起的。

二、试车前机油检查

1. 检查加机油口盖

拧下加机油口盖，将它翻过来观察底部，这可以在加油口盖底部看到旧油甚至脏油的痕迹（图 6-2）。具体检查方法在前面章节已阐述，不再重复。

2. 检查机油量

拔出机油尺，检查油面高度，油面高度应该在 MAX 和 MIN 标记之间（图 6-3）。

图 6-2 检查加机油口盖

图 6-3 检查机油刻度示意图

假如油液面过低，会因润滑不良而损坏发动机，也会给气门、气缸垫、活塞环造成损坏。观察汽车底部的地面是否有渗漏的机油，假如有条件可以检测气缸压力，看是否出现泄漏而给发动机部件造成损坏。

3. 通过尾气检查

假如尾气冒蓝烟（图6-4），表明气门油封失效，机油进了气缸燃烧室；还可能是活塞环与气缸壁间隙过大或活塞环断裂等故障；或是由于发动机各机油的密封和油封老化及损坏，造成机油泄漏，消耗过多的机油。

4. 机油颜色

可以拿出一张纸巾，拔出机油尺在纸上擦拭，观察机油光彩和杂质的情况（图6-5）。合格的机油一般为均匀透明的黏稠液体。

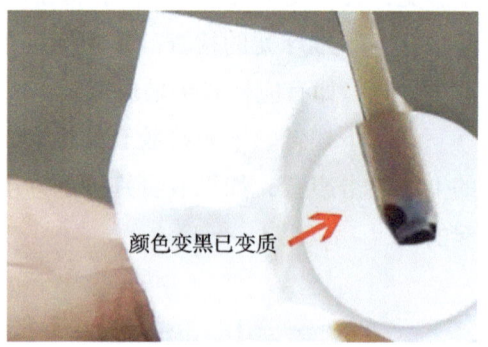

图6-4　尾气检查示意图　　　　图6-5　检查机油颜色示意图

黏度高的机油颜色略深，多级油在常温下感觉比单级油黏度小。若油品发黑、浑浊，则可视为劣质机油。若油品搅动后，出现气泡量大且15min内不能消失，则视为失效机油。

机油在使用过程中会氧化变质，加上零件磨损生成的金属磨粒，空气中杂质进入气缸和燃油不完全燃烧生成物进入油底壳，会导致机油颜色加深，是正常现象。由于清洗系统中有积炭和油泥，在行驶1000~2000km后出现油品变黑，也属于正常现象。如果出现其他颜色都是不正常的现象。

假如发现机油的颜色变灰、变白或有乳化现象，说明机油中混进了水。如果发生此现象则重点检查一下车辆，可能是出现了以下四种情况。

1）机油中进水后造成机油乳化，会导致润滑不良，油泥生成量增加，也会引起发动机腐蚀，严重的会造成烧瓦事故。

2）发动机内部渗漏，发动机冷却液混入机油中，致使机油中含有水。

3）发动机曲轴密封性不好，导致进水。

4）发动机温度低，燃烧尾气中的水分进入机油，得不到及时蒸发，在机油中陈积。

三、起动车辆时灯光和仪表的检查

1. 仪表的检查

把开关打到 ON 的位置，不起动发动机，仪表上所有的警告灯都应该亮起（图 6-6）。有些是亮起 1~2s 就熄灭，这是系统自检后自动熄灭，属正常现象。发动机起动后除驻车制动灯（没松驻车制动）、安全带警告灯（没系安全带）外其余所有警告灯都应熄灭，行驶过程中所有警告灯都应熄灭，电控系统有问题警告灯才亮起。如图 6-7 所示，胎压不正常，胎压警告灯亮起。如发现不正常情况，红色的灯需要及时排查，黄色的灯需要及时注意。车辆起动后，绕车看一下灯光，如转向指示灯、制动灯、前照灯，看工作是否正常。

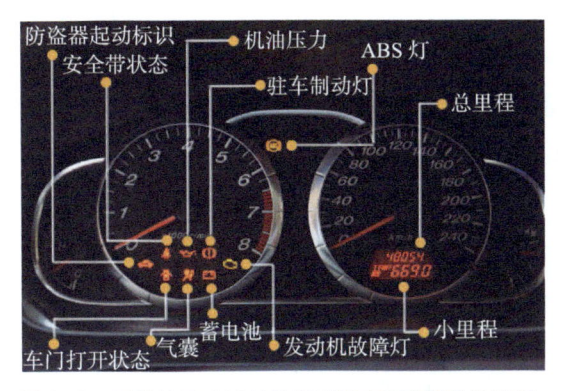

图 6-6　开关处于 ON 的位置时仪表所有警告灯亮起

图 6-7　胎压警告灯亮起

2. 灯光的检查

白天检查车灯的方法（图 6-8）。

图 6-8　灯光的检查示意图

1）前照灯灯光一侧亮一侧暗。接通前照灯后，假如只有一侧前照灯较亮，而另一侧灯光暗淡，很可能是暗淡一侧的前照灯的灯头接触不良或锈蚀，使接触电阻增大，或灯光暗淡一侧的前照灯的反射镜发生了氧化或积有灰尘。

2）前照灯出现雾气。有两种可能，一是进水，一般情况下，这是因为原车密封不良；二是温差或高湿度潮气造成的。

3）前照灯根本不亮。假如喇叭能响，除前照灯外其他车灯都能正常发亮，说明的确存在故障，可能是前照灯电路短路、接线柱松脱、灯丝脱落等。

4）前照灯远光和近光只有一种亮。假如前照灯只有远光而无近光，或只有近光而无远光，说明故障可能是前照灯双丝灯泡中某灯丝已被烧断，或远、近光电路中存在短路，或变光开关损坏等。

四、发动机噪声检查

发动机好比人的心脏，要购买一辆理想的二手车，发动机绝对是重点检查对象。对于发动机的检查，一般可以通过听声音来判定其状况。

发动机噪声原因比较复杂。噪声的来源有些是因为内部零部件的正常磨损造成的，有些是人为疏忽造成的。如曾经漏完过机油、冷却液或超过保养里程限定数倍仍未保养等原因。如遇到此类车辆，购买之后解决的办法只能是更换部分零部件。

鉴于现在中高档车的隔声效果不错，嘈杂的环境中，不容易听出所以然来。因此，建议将车开到比较安静的地方去"倾听"。

起动发动机后，注意在起动过程中，起动机不应出现尖啸声，发动机怠速"突突"声均匀平稳，无异常响声。

然后，可以轻踩加速踏板，让发动机转速缓缓提高，过程中应无杂声；发动机转速超过最高功率点转速后，声音一般都比较明显，但如果出现金属摩擦声，就可能有异常情况。当快速踩下加速踏板后，发动机动力提升的声音应顺畅无阻。

以上情况都正常的话，再将车辆在复杂路况下行驶 5~10min，停稳后怠速仍应稳定在原怠速，声音也应与之前相同。

五、怠速和制动检查

发动机起动后，在怠速运转时，可以到车头进行检查。在车头听听有没有运转杂声，如有杂音，说明机件磨损过大。再看发动机运转是否平稳，发动机越静、越稳越好。

在没有起步前试踩一下制动踏板，如果很软或一脚踩到底，说明制动效果很差，不能上路行驶，否则容易出安全事故。

六、变速器检查

购买一辆二手车对其变速器的检查是很重要的。对变速器的检查是通过挂档、换档、听声音、检查泄漏情况来判断故障。如果故障严重将极大影响价格，在路试中对变速器的检查尤其重要。

1. 手动变速器的路试检查

（1）**检查所有前进档及倒车档**　如果每次挂档都磨齿轮，则可能是离合器的液压系统或变速器本身有故障。

（2）**检查是否能正常入档**　如果发现不能正常挂档或有齿轮撞击声，又或是挂上后很难推回空档等，说明变速器换档困难。在熄火后可用手握住变速杆，如果很松垮能任意摆动，可能是定位失效造成的。如果不松垮时也出现换档困难，很可能是同步器故障造成换档时的撞击。出现这类故障后需进厂修理。

（3）**检查有无跳回空档**　如果在行驶中变速杆跳回空档，可能是齿轮和齿套磨损严重，致使轴承松垮或轴向间隙过大，需要专业人员查看齿轮啮合状况。如果发现变速器漏油，则有可能是密封垫密封不良或是变速器输出轴的油封损坏。齿轮油过多或通气孔不畅也会引起漏油。

（4）**检查是否有异响**　如果在发动机怠速状态下变速器处于空档位置且有异响，可能是曲轴和变速器第一轴安装的同轴度有偏差，在踏下离合器踏板时可消失。如果在入档后有异响，可能是相互啮合齿轮工作时有撞击造成的，说明变速器壳体有损伤，或者是部分齿轮有损害造成啮合过程中的撞击。

2. 自动变速器路试检查

自动变速器路试主要检查升降档、升档车速、发动机转速、换档质量（图6-9）。

（1）**静态体验**

①怠速体验。将车辆打着火，观察冷却液温度表看发动机是否处于最佳的工作温度。如果冷却液温度偏低，较缓慢行驶 1~2km 后，停车但不熄火，D 位保持制动，然后感受车身的抖动情况，根据自己的感受判断是否剧烈。之后，换入 N 位比较两种不同的情况下车辆抖动的情况差别，反复两次到三次。

图 6-9　自动变速器路试检查

这个方法对普通装有液力变矩器（AT/CVT 变速器）的车尤为重要，表现好的变速器即使 D 位靠制动保持车辆静止的时候车身也不会有明显的抖动，跟 N 位怠速时候的

表现并不会有本质区别。倘若 D 位怠速车辆抖动很明显就说明这辆车的自动变速器状况不好。

②原地换档体验。对于手动变速杆来说，即使是直排式的档位，在切入不同档位的时候也会有很明显的阶梯感，每个档位都应该有很明显的位置，反馈在手上的感觉会很清晰但并不生涩，尤其要注意换入 P 位的时候，很多匹配不好的车会显得特别生涩。具有手动模式的车辆也可以将变速杆换入手动模式，前后推动感受。

（2）动态体验

①中低速行驶急加速。大约时速 40km/h 左右的时候来一脚急加速，这时候可以大致判断出这台变速器的相应速度，看从你加速到底直至变速器降档所需要的时间是不是特别慢。普通的家用车虽然不会十分敏捷但也不会迟钝很久，否则就是变速器的匹配做得并不是很好，当然了这也看每个人的接受程度。

②中高速行驶减速。大约 60km/h 的车速（条件允许可以更高）中等力度踩制动让车辆逐渐减速。好的自动变速器在车辆的减速降档过程中应该是很平顺的，即感受不到变速器的存在就对了。如果有明显的降档顿挫，那说明这变速器匹配得并不是很好。

③从 0 起步缓缓加速。这个跟上面的减速是一个道理，在平稳加速的时候一台好的自动变速器同样也不会让驾驶人感到它的存在。

④低速蠕行。自己可以刻意地放慢车速，大约 20km/h 左右，或者干脆找个堵车的路段，这条对于那些采用了双离合变速器的自动档车型尤为重要。在低速蠕行时，匹配不好的双离合变速器在 1/2 档之间会出现很明显的闯档、抖动现象。

七、跑偏情况的检查

车辆起步上路，以 20~30km/h 的速度直行时，手暂时离开转向盘，看汽车是否存在跑偏的现象（图 6-10）。

再做一次紧急制动，检查制动是否可靠；再以 50km/h 的速度行驶，迅速将制动踏板踩到底，车辆是否立即减速、停车，有无制动跑偏、甩尾的情况（图 6-11）。

图 6-10　测试车辆是否存在跑偏的现象　　图 6-11　紧急制动检查是否跑偏

如果车辆有跑偏的现象，有可能是因为车架变形、悬架系统损坏变形、前轴变形和转向节松旷等，导致汽车在直线行驶时出现跑偏现象。

> **特别提醒**：动态试车是检测二手车性能的一个必不可少的环节。试车时必须先征得车主的同意，试车时一定要规划好路线，试车过程中一定要遵守交通法规，做到安全第一，保证人员和车辆的安全。

复习思考题

1. 简述动态检测的要领。
2. 通过尾气怎样判断发动机工况？
3. 通过机油的颜色怎样判断发动机保养状况？
4. 怎样测试自动变速器换档是否正常？
5. 怎样测试汽车是否跑偏？
6. 试车后发现制动鼓温度高，可能是什么原因造成的？
7. 车辆静态时空调不够凉，跑起来后要比静态时凉是什么原因？

项目七
二手车价格评估

学习任务一 二手车价值评估方法

汽车评估方法和其他资产评估方法一样，都是依照《国有资产评估管理办法》的规定进行的，基本评估方法有：收益现值法、清算价格法、重置成本法、现行市价法、成本折旧法及简单估算法。

一、现行市价法

现行市价是指车辆在公平市场上的销售价值。所谓公平市场是指充分竞争的市场，买卖双方没有垄断和强制，双方的交易行为都是自愿的，都有足够的时间与能力了解市场行情。

1. 定义及影响因素

（1）定义 现行市价法又称市场法或市场价值比较法，是以市场最近售出类似车辆为参照车，参照车可以是一辆或几辆，将被评估车辆与参照车的构造、功能、性能、行驶里程、使用年限、新旧程度及交易价值等进行比较，找出两者的差别及其在价值上所反映的差额，经过适当调整，最终计算出被评估车辆的价值。

（2）特点 用现行市价法评估二手车包含了被评估二手车的各种贬值因素，如有形损耗的贬值、功能性贬值和经济性贬值。因为市场价值是综合反映车辆的各种因素的体现，由于车辆的有形损耗及功能陈旧而造成的贬值，自然会在市场价值中有所体现，因而现行市价法是二手车评估中最直接、最简单且最具有说服力的评估方法。它具有以下优点：

1）能反映目前二手车市场活跃情况，其评估的参数、指标等可直接从市场获得，评估值能反映二手车市场现实价值。

2）评估值容易被买卖双方理解和接受。

（3）**影响因素**

1）二手车交易市场是否活跃，直接影响现行市价评估法的准确性。因为我国很多地方二手车市场建立时间短、不完善，有些评估车未在交易市场上出现过，这样用市价法评估没有可比性。

2）评估车辆是否畅销。因为对畅销车型评估时，参照车容易寻找，且参照车的一些数据充分可靠。

3）由于使用条件、维护水平的不同，而带来车辆技术状况的不同，这样可能造成二手车评估价值差异。

4）评估人员的从业经验和对车辆技术状况的鉴定能力，也将影响评估的公平、公正性。

2. 适用范围

现行市价标准适用的前提条件有：一是需要存在一个充分发育、活跃、公平的二手车交易市场；二是与被评估车辆相同或类似的车辆在市场上有一定的交易量，能够形成市场行情。

3. 评估方法及计算公式

在实际评估中，现行市价法又分为直接市价法和类比调整市价法。直接市价法是指在市场上能找到与被评估车完全相同的参照车辆的现行市价，并参照车辆的价值直接作为被评估车的评估价值。类比调整市价法是指评估二手车时，在公开市场上找不到与被评估车辆完全相同的参照车辆，只能找到与之相似的车辆作为参照车辆，再根据车辆技术状况和交易条件等数据对参照车辆的价值给出相应调整，综合比较来确定被评估车的评估价值。

（1）**直接市价法** 当被评估车与参照车辆完全相同时，被评估车的评估价值计算公式为：

$$P_1 = P_2$$

式中　P_1——被评估车的评估价值（元）；

　　　P_2——参照车辆的交易价值（元）。

> 说明：
> 1）参照车辆一般为畅销车型，如骐达、高尔夫、福克斯、天籁、迈腾、凯美瑞、途观、CRV 和 RAV4 等，市场保有量大、交易比较频繁。
> 2）当被评估车与参照车辆相近，即车辆类别相同、主参数相同、结构性能相同，只是生产序号不同，只有局部改动，交易时间相近时，可用同样计算方法。

（2）类比调整市价法

1）影响因素。类比调整市价法对参照车辆的条件要求不太严，只要求参照车辆与被评估车大体相同即可。主要是对被评估二手车和参照车辆之间的差异进行分析、比较，并进行适当的量化，然后调整为可比的因素。类比中的主要差异一般体现在以下几点。

① 结构性能的差异。车辆结构配置会对车辆的成交单价产生影响。比如，同类型的手动变速器车和自动变速器车，由于结构配置不同，则成交价值也不同。

② 销售时间的差异。在选择参照物时，应尽可能地选择接近评估基准日成交的案例，以免去由于销售时间的不同而引起的价值差异。若参照车的交易时间在评估基准日之前，可采用价值指数法进行调整。

③ 新旧程度的差异。在评估过程中，往往被评估车辆与参照车在新旧程度上不能完全一致，这时评估人员应对参照车和被评估车辆的新旧程度进行量化，即先算出参照车和被评估车辆成新率，然后再计算出两种车的新旧差异量，公式如下：

$$差异量 = 参照物价值 \times (被评估车辆成新率 - 参照物成新率)$$

④ 销售数量的差异。销售数量大小会对车辆的成交单价产生影响。当被评估车辆是成批交易时，其参照车辆不应是单车，也应以成批车交易作为参照车；当被评估车辆是单车交易时，其参照车辆不应是成批交易车，也应以单车交易作为参照车；若没有对应的参照车时，评估人员应进行差异分析并适当调整，才能准确评估二手车价值。

⑤ 付款方式的差异。对付款方式差异的调整，被评估车辆通常是以一次性付款方式为假定前提，若参照车辆采用分期付款方式，则可按当期银行利率将各期分期付款额折现累加，即可得到分期付款总额。

2）计算公式。将以上各种差异进行调整并量化，以适当的方式加以汇总，来确定被评估车的评估价值。

$$P_1 = P_2 = P \pm \sum K$$

式中　P_1——被评估车的评估价值（元）；

　　　P_2——参照车辆的交易价值（元）；

$\sum K$——各种差异调整量化值（元）。

二、收益现值法

收益现值是指根据车辆未来的预期获利能力大小，以适当的折现率将未来收益折成现值。从"以利索本"的角度看，收益现值就是为获得车辆取得预期收益的权利所支付的货币总额。在折现率相同的情况下，车辆未来的效用越大，获利能力越强，其评估值就越大。投资者购买车辆时，一般要进行可行性分析，只有在预期回报率超过评估时的折现率时，才可能支付货币购买车辆。

1. 定义及影响因素

（1）定义　收益现值法是指估算被评估车在剩余寿命期内的预期收益，并折现为评估基准日的现值，即为二手车的评估值。

（2）特点　用收益现值法评估车辆时，一般都与投资决策相结合，容易被二手车买卖双方接受。同时，评估值能比较准确地反映车辆本金化的价值。但是，预期收益额的预测难度大，而且受买卖双方主观判断和未来不可预见因素的影响较大。

（3）影响因素

1）被评估车继续运营和获利的能力。

2）被评估车预期获利年限及预期收益的预测值。

3）被评估车在剩余寿命期内所担风险的预测值。

2. 适用范围

收益现值标准适用的前提条件是车辆投入使用后可连续获利。

3. 评估方法及计算公式

用收益现值法计算二手车评估值，就是对被评估二手车未来预期收益进行折现的过程。二手车的评估值等于剩余寿命期内各收益期的收益折现值之和。若收益期的收益折现值不同时，其计算公式为

$$P = \sum_{t=1}^{n} \frac{A_t}{(1+i)^t} = \frac{A_1}{(1+i)^1} + \frac{A_2}{(1+i)^2} \cdots + \frac{A_n}{(1+i)^n}$$

式中　P——评估值（元）；

A_t——未来第 t 个收益期的预期收益额（元）；

n——收益年期（年）；

i——折现率（%）；

t——收益期（年）。

若收益期的收益折现值相同时，其计算公式为

$$P = A \times \frac{(1+i)^n - 1}{i \times (1+i)^n}$$

式中　P——评估值（元）；

　　　A——未来收益期的预期平均收益额（元）；

　　　n——收益年期（剩余经济寿命的年限）；

　　　i——折现率（%）。

> **说明：** 收益年期指从评估基准日到二手车报废日之间的年限（即二手车剩余使用寿命的年限）。收益年期是确定二手车评估值的关键，如果收益年期估算得长，则计算的收益额就多，车辆的评估价值就高；反之，则会低估二手车价值。所以，评估师要依照国家《汽车报废标准》中的规定来确定二手车收益年期。

4. 收益现值法评估的程序

1）调查了解营运车辆的经营行情，营运车辆的消费结构。
2）充分调查了解被评估车辆的情况和技术状况。
3）根据调查了解的结果，预测车辆的预期收益，确定折现率。
4）将预期收益折现处理，确定旧机动车评估值。

5. 典型案例分析

（1）李先生打算购置一辆二手北京现代轿车用于出租车运营　该车的基本信息及经营预测如下。

2016年10月购买，并于当月完成车辆登记手续，已行驶里程为40万km。目前车辆技术状况良好，能正常运行；如用于出租车运营，全年预计可出勤320天。根据南宁市场调查，该车型每天平均毛收入约600元，每天耗油费用200元，年检、保险及各种应支出费用每年10000元，年日常维修保养费约12000元，年平均大修费用约1000元，人员劳务费20000元。根据目前银行储蓄年利率、行业收益等情况，确定资金预期收益率为5%，风险报酬率为5%。

假设每年的纯收入相同，试结合上述条件评估该车可接受的最大投资额是多少？

解：1）根据题目条件，评估方法采用收益现值法。

2）收益年期 n 的确定：从车辆登记日（2016年10月）至评估基准日（2022年10月）止，该车已使用时间为6年，根据国家《汽车报废标准》的规定，出租车规定运营年限为8年，车辆剩余使用寿命为2年，即收益年期 $n=2$。

3）预期收益额的确定：

① 根据题设条件，计算预计年纯收入，具体计算见表7-1。

表 7-1 车辆收入及各种费用支出

预计年收入/元	预计年支出/元		预计年纯收入/元
600×320=192000	燃油费	200×320=64000	61000
	保险费、检车费、车船使用税、停车费等费用	10000	
	维修保养费	12000	
	车辆大修费	1000	
	驾驶人工资	20000（单班）	
	标书租赁费	2000×12=24000	

② 计算年预计纯收入：根据国家个人所得税条例规定，年收入在 3 万~5 万元，应缴纳所得税率为 0%，故年预计纯收入为：

$$61000×（1-0\%）=61000 元$$

③ 预期收益额 $A=$ 年预计纯收入为：61000 元。

4）折现率 i 的确定：折现率 $i=$ 资金预期收益率 + 风险报酬率 =5%+5%=10%

5）计算评估值：

$$P = A × \frac{(1+i)^n - 1}{i×(1+i)^n} = 61000 × \frac{(1+0.1)^2 - 1}{0.2×(1+0.1)^2} = 52934 \text{ 元}$$

（2）现有一辆帕萨特出租车转让 该车评估时已使用 3 年，经市场调查和进行可行性分析后，该车购置后投入运营，每年可带来预期收益 19.6 万元，而运营成本每年约为 11.6 万元，所得税率按 5% 计算，投资回报率为 10%。试评估该出租车的价值。【已知（P/A，10%，5）=3.7908，（P/A，9%，5）=3.8897】

答：1）按题意采用收益现值法评估。

2）该车已使用 3 年，规定使用年限为 8 年。

3）该车每年带来预期毛收入：

$$19.6-11.6=8 \text{ 万元}$$

4）税后净收益：

$$8×（1-0.05）=7.6 \text{ 万元}$$

5）该车剩余使用年限为：

$$8-3=5 \text{ 年}$$

6）评估值：

$$P=7.6×3.7908=28.81 \text{ 万元}$$

三、重置成本法

重置成本是指在现时条件下,按功能重置车辆并使其处于在用状态所耗费的成本。重置成本的构成与历史成本一样,都是反映车辆在购置、运输、注册登记等过程中所支出的全部费用,但重置成本是按现有技术条件和价值水平计算的。

1. 定义及影响因素

(1)**定义** 重置成本法是指在现时市场条件下,重新购置一辆全新状态的被评估车辆所需的全部成本(重置全价),与被评估车辆的各种贬值总和的差额。车辆的贬值一般体现在实体性贬值、功能性贬值及经济性贬值上。

(2)**特点** 用重置成本法评估车辆时,充分地考虑了车辆的各方面损耗,反映了车辆市场价值的变化,对交易双方来讲都公平合理;确定成新率时,能综合考虑车辆的技术车况和配置以及车辆使用情况,评估过程有理有据,交易双方对评估结果的信任度较高。但是,评估工作量较大,确定成新率时主观因素影响较大,且对极少数的进口车辆,不易查询到现时市场报价,因此很难确定车辆的重置成本。

(3)**影响因素**
1)市场价值的影响。
2)车辆有形耗损的影响。
3)车辆无形耗损的影响。
4)外界因素对车辆的影响。

2. 适用范围

重置成本标准适用的前提是车辆处于在用状态,一方面反映车辆已经投入使用;另一方面反映车辆能够继续使用,对所有者具有使用价值。重置成本法既充分考虑了被评估二手车的重置全价,又考虑了二手车已使用年限内的磨损以及功能性、经济性贬值,因而被广泛采用的评估方法,尤其在中高级车辆评估中应用比较广泛。

3. 评估方法及计算公式

(1)**计算方法** 应用重置成本法评估二手车价值的计算公式有以下两种。

1)公式一:

$$P = P' - A_1 - A_2 - A_3$$

式中 P——评估值(元);

P'——被评估车的重置成本(元);

A_1——实体性贬值(元);

A_2——功能性贬值（元）；

A_3——经济性贬值（元）。

> 说明：它综合考虑了二手车的现行市场价值，及各种影响二手车价值量变化（贬值）的因素，最让人信服和易于接受。但造成这些贬值的影响因素较多，且有一定的不确定性，所以准确地确定二手车的贬值是不容易的。

2）公式二：

$$P = P' \times \beta$$

式中　P——评估值（元）；

　　　P'——被评估车的重置成本（元）；

　　　β——被评估车的成新率。

> 说明：它是基于成新率的评估法，这种方法能综合考虑各种贬值对二手车价值的影响，是一种定性和定量相结合的评估方法，比较符合中国人评判二手物品的思维模式，是目前市场上应用最广，也是一种较科学的评估方法。

（2）被评估车重置成本确定　重置成本的估算在资产评估中，其估算的方法很多，一般可采用重置核算法、物价指数法、功能价值法和规模经济效益指数法，二手车评估重置成本一般可采用直接法、物价指数法。

1）直接法。直接法也称重置核算法，它是由待评估车辆的成本构成，以现行市场状态下重新购买与被评估车辆完全相同或相类似，并且处于全新状态的车辆所需的购车成本价值，加上一次性应该交纳的税和费之和。

国产二手车重置成本相当于购置全新车辆的市场成交价，加上车辆购置价值以外国家及地方政府一次性缴纳的税费总和。具体包括汽车的购置附加税、注册税（牌照费）等，其性质是一次性交纳的税费，在规定使用年限内均可享受。但重置成本构成不应包括车辆拥有阶段和使用阶段的税和费。如汽车拥有阶段的年审费、车船使用税、消费税；汽车使用阶段的保险费、燃油税、路桥费等。重置成本的计算公式为：

$$P' = P_M + P_t$$

式中　P'——重置成本；

　　　P_M——全新车辆市场成交价；

　　　P_t——国家和地方政府一次性应该缴纳的税费总和。

以直接法取得的重置成本，无论国产或进口车辆，尽可能采用国内现行市场价作为车辆评估的重置成本全价。市场价可通过市场信息资料（如报纸、专业杂志和专业价值资料汇编等）和车辆制造商、经销商询价取得。

进口二手车重置成本计算，应根据海关税则和收费标准，进行轿车的重置成本计算（即现行价值）。报关价（到岸价即 CIF 价值，它与离岸价 FOB 的关系是：CIF 价值=FOB 价值＋途中保险费＋国外运杂费。由于这部分费用是以外汇支付的，所以在计算时，需要将报关价值换算成人民币，外汇汇率采用评估基准日的外汇汇率进行计算。）；进口二手车重置成本税费由关税、消费税、增值税、通关费用、商检费用、运输费用、银行费用、选装件价值、经销商费用及其他费用等构成。

关税：其计算方法为，关税＝报关价×关税税率

消费税：其计算方法为，消费税＝（报关价＋关税）/（1−消费税税率）×消费税税率

增值税：其计算方法为，增值税＝（报关价＋关税＋消费税）×增值税率（17%）

如一辆报关价为 10 万元人民币的进口轿车，其关税（以 43.8% 计）为 4.38 万元；消费税（以 5% 计）为 0.75 万元；增值税为 2.57 万元；税后价值为 17.7 万元；加上海关费用、商检费、运输费及经销商利润，市场价值约为 21 万元。

一般而言，车辆重置成本大多是依靠市场调查搜集而来的。并不需要我们进行十分复杂的计算。但是对于市场上尚未出现的那些新车型（特别是进口新车型）或淘汰车型，由于其价值信息有时不容易获得，这时则需要我们按照其重置成本的构成进行估算。

2）物价指数法（车价指数法）。车价指数法（即车辆价值波动指数）。被评估车辆是停止生产或是进口车辆，当询不到现时市场价值时采用车价指数法，其计算公式为

$$P'=P_M(1+\lambda)$$

式中　P'——重置成本；

　　　P_M——车辆购买原始成本；

　　　λ——车辆价值变动指数。

车辆价值变动指数是通过掌握的汽车历年的价值指数，找出车辆价值变动趋势和速度的指标。车辆价值变动指数的取得是选择与被评估车辆已使用年限相适应，是近期五年内市场占有率为前三名的品牌车型，分别以现时购买车价与原始购买车价之比的算术平均值作为车辆价值变动指数。车辆价值变动指数要尽可能选用有法律依据的国家统计部门或物价管理部门以及政府机关发布和提供的数据。也可以取自中国汽车流通协会定期发布或有权威性的国家政策部门所辖单位的数据，不能选用无依据不明来源的数据。

实际工作中，一般根据鉴定估价的经济行为确定重置成本的全价，具体有以下两种处理方法。

①对于以**所有权转让为目的的二手车交易经济行为**，按评估基准日被评估车辆所在地收集的现行市场成交价值作为被评估车辆的**重置成本全价**，其他费用略去不计。

②对企业产权变动的经济行为（如企业合资、合作和联营，企业分设、合并和兼并，企业清算，企业租赁等），其重置成本全价除了考虑被评估车辆的现行市场购置价值以外，

还应将国家和地方政府规定对车辆加收的其他一次性缴纳税费一并计入重置成本全价中。

（3）二手车成新率的确定　二手车成新率的确定方法有使用年限法、行驶里程法、部件鉴定法、整车观测法及综合分析法等，不同的计算方法，其特点和使用范围也不同。

1）使用年限法。用使用年限法确定二手车的成新率，计算公式为

$$\beta = \left(1 - \frac{N_1}{N_0}\right) \times 100\%$$

式中　β——二手车的成新率（%）；

　　　N_1——二手车实际已使用年限（年或月）；

　　　N_0——车辆规定的使用年限（年或月）。

用使用年限法确定的二手车成新率，仅仅反映了汽车的时间损耗及时间折旧率，与使用情况（包括管理水平、使用水平和维护保养水平）、使用强度无关，但计算方便。车辆规定使用年限是指《汽车报废标准》中对被评估车辆规定的使用年限，是指机动车的合理使用寿命。各类汽车规定使用年限见表7-2。

表7-2　各类汽车规定使用年限

车辆类型与用途				使用年限/年
载客汽车	营运	出租客运	小、微型	8
			中型	10
			大型	12
		租赁		15
		教练	小型	10
			中型	12
			大型	15
		公交客运		13
		其他	小、微型	10
			中型	15
			大型	15
	专用校车			15
	非营运	小、微型客车，大型轿车，轮式专用机械		无
		中型客车		20
		大型客车		20

注：若某些车辆使用年限有变动，以车管所公布的为准。

已使用年限是指二手车在正常使用强度条件下，开始使用到评估基准日所经历的时

间。所以说，使用年限法计算的成新率实际上反映的是车辆的时间损耗及时间折旧率，与车辆的日常使用强度和车况无关。但是，对于日常使用强度较大的车辆，在统计已使用年限指标时，应适当乘以一定的系数。例如，对于某些以双班制运行的车辆，其实际使用时间为正常使用时间的两倍，即该车辆的已使用年限，应是车辆从开始使用到评估基准日所经历时间的 2 倍。

2）行驶里程法。用行驶里程法确定二手车的成新率，是指用被评估车的尚可行驶里程与规定行驶里程的比值来确定二手车成新率的一种方法，其计算公式为

$$\beta = \left(1 - \frac{S_1}{S_0}\right) \times 100\%$$

式中　β——二手车的成新率（%）；

S_1——二手车累计行驶里程（万 km）；

S_0——车辆规定的行驶里程（万 km）。

用行驶里程法确定的成新率，仅仅反映了二手车使用强度及使用过程中实际的物理损耗，考虑了二手车使用强度对其成新率的影响。总的行驶里程越大，车辆的实际有形损耗也越大。但对于篡改里程表等因素影响没有考虑，近年来卖车调表已经是大家皆知的事情，当前评估中行驶里程法确定的成新率仅仅是参考。

二手车累计行驶里程是指被评估二手车从开始使用到评估基准时点所行驶的总里程。车辆规定的行驶里程是指《汽车报废标准》中规定的该车型的行驶里程。各类汽车规定行驶里程见表 7-3。

表 7-3　各类汽车规定行驶里程

车辆类型与用途				行驶里程参考值/万 km
载客汽车	营运	出租客运	小、微型	60
			中型	50
			大型	60
		租赁		60
		教练	小型	50
			中型	50
			大型	60
		公交客运		40
		其他	小、微型	60
			中型	50
			大型	80

(续)

车辆类型与用途			行驶里程参考值 / 万 km
载客汽车		专用校车	40
	非营运	小、微型客车,大型轿车	60
		中型客车	50
		大型客车	60

3)部件鉴定法。用部件鉴定法确定二手车的成新率,是指评估人员根据二手车各总成、部分的技术状况估算出其成新率,再参照表 7-4 各个部分价值权重值,来确定成新率的一种方法。其计算公式为

$$\beta = \sum_{i=1}^{n} \alpha_i \times \rho_i$$

式中 β——二手车的成新率(%);
　　α_i——第 i 项部件的成新率(%),由评估人员来鉴定评估;
　　ρ_i——第 i 项部件的价值权重。

表 7-4 汽车各主要总成、部件的价值权重值

序号	部件名称	价值权重值		
		轿车	客车	货车
1	发动机及离合器总成	0.26	0.27	0.25
2	变速器及万向传动装置	0.11	0.10	0.15
3	前桥、前悬架及转向系总成	0.10	0.10	0.15
4	后桥及后悬架总成	0.08	0.11	0.15
5	制动系	0.06	0.06	0.05
6	车架	0.02	0.06	0.06
7	车身	0.26	0.20	0.09
8	汽车电器	0.07	0.06	0.05
9	轮胎	0.04	0.04	0.05
	合计	1.0	1.0	1.0

注:仅供评估人员参考用,在实际评估时,评估人员应根据被评估车辆各部分价值量占整车价值的比重,调整各部分的权重值。

用部件鉴定法计算加权来确定成新率,既考虑了二手车实体性损耗,也考虑了二手车维修或换件等追加投资使车辆价值发生的变化。所以,这种方法比较费时费力,但评估值更接近客观实际,可信度高。这种方法一般用于价值较高的二手车评估。

4）整车观测法。整车观测法是指评估人员采用人工观察的方法，或借助简单的仪器检测，判定被评估车的技术等级，来确定成新率的一种方法。

整车观测法观察和检测的技术指标主要包括：二手车的现时技术状态、使用时间及行驶里程、主要故障经历及大修情况、整车外观和完整性等。二手车车况等级及成新率可参考表7-5。用整车观测法确定成新率是否客观、实际，还取决于评估人员的专业水准和评估经验。这种方法简单易行，但评估准确性差些，一般用于初步估算中、低档二手车的价值，或作为综合分析法的辅助手段。

表7-5　二手车车况等级及成新率

车况等级	新旧情况	技术状况描述	成新率（%）
1	使用不久，行驶里程在3万~5万km	使用状况良好，能按设计要求正常使用	100~90
2	使用1~3年，行驶里程15万km左右	一般没有经过大修，在用状况良好，故障率低，可随时出车使用	89~65
3	使用4~5年，发动机或整车经过一次大修	大修过的总成性能良好，在用状况良好；外观出现过中度损伤，但修复较好	64~40
4	使用5~8年，发动机或整车经过二次大修	车辆的动力性、经济性、工作可靠性都有所下降，外观车身漆出现脱落受损、金属件出现锈蚀；故障率较高，维修费用明显上升，但车辆仍符合《机动车安全技术条件》规定，其使用状况一般或较差	39~15
5	基本达到或达到使用年限，待报废处理	车辆不能正常使用，动力性、经济性、可靠性大大降低，燃料费、维修费等明显增高，且排放和噪声污染已达到极限	14~0

注：表中所示数据都是经验数据，只能供评估人员参考，不能作为唯一标准。

5）综合分析法。综合分析法是以使用年限法为基础，综合考虑二手车的实际技术状况、维护保养情况及使用条件等多种因素的影响，来确定成新率的一种方法。

影响二手车成新率的主要因素有二手车技术状况、二手车维护保养、二手车原始制造质量、二手车的用途及二手车的使用条件等五个方面，其综合调整系数$\sum \rho$的确定可参考表7-6。其计算公式为

$$\beta = \beta_N \times \sum \rho$$

式中　β——二手车的成新率（%）；

β_N——使用年限成新率（%）；

$\sum \rho$——综合调整系数。

$$\sum \rho = \rho_1 \times 30\% + \rho_2 \times 25\% + \rho_3 \times 20\% + \rho_4 \times 15\% + \rho_5 \times 10\%$$

表 7-6 二手车综合调整系数参考数值

序号	影响因素	调整系数			系数权重（%）
1	技术状况	ρ_1	良好	1.0	30
			较好	0.9	
			一般	0.8	
			较差	0.7	
			很差	0.6	
2	维护保养	ρ_2	良好	1.0	25
			较好	0.9	
			一般	0.8	
			较差	0.7	
3	制造质量	ρ_3	进口车	1.0	20
			国产名牌车（或走私罚没车）	0.9	
			国产普通车	0.8	
4	车辆用途	ρ_4	私用	1.0	15
			公务、商务	0.9	
			营运	0.7	
5	使用条件	ρ_5	良好	1.0	10
			一般	0.9	
			较差	0.8	

注：因素分级和调整系数只是一个参考，应根据实际情况作适当的调整，但各因素的调整系数取值不要超过 1，综合调整系数计算结果也不能超过 1。

综合分析法较为详细地考虑了影响二手车价值的各种因素，并用一个综合调整系数指标来调整二手车成新率，评估值准确度较高，因而适用于具有中等价值的二手车评估。

GB/T 30323—2013《二手车鉴定评估技术规范》中规定，评估车辆价值时，通常选用现行市价法。评估价值为相同车型、配置和相同技术状况鉴定检测分值的车辆近期的交易价值；在无参照物、无法使用现行市价法的情况下，选用重置成本法。可从本区域本月内的交易记录中调取相同车型、相近分值，或从相邻区域的成交记录中调取相同车型、相近分值的成交价值，并结合车辆技术状况鉴定分值加以修正。车辆评估价值 = 更新重置成本 × 综合成新率。而综合成新率由技术鉴定成新率与年限成新率组成，即：

$$综合成新率 = 年限成新率 \times \alpha + 技术鉴定成新率 \times \beta$$

其中，年限成新率 = 预计车辆剩余使用年限 / 车辆使用年限（乘用车使用年限 15 年，超过 15 年的按实际年限计算；有年限规定的车辆、营运车辆按实际要求计算）；技

术鉴定成新率＝车辆技术状况分值/100；α、β分别为技术鉴定成新率与年限成新率系数，由评估人员根据市场行情等因素确定，且α+β=1。

4. 应用重置成本法四个前提条件

1）购买者对拟行交易的评估对象，不改变原来用途。

2）评估对象的实体特征、内部结构及其功能效用必须与假设重置的全新资产具有可比性。

3）评估对象必须是可以再生的，可以复制的，不能再生、复制的评估对象不能采用重置成本法。

4）评估对象必须是随着时间的推移，具有陈旧贬值性的资产，否则就不能运用重置成本法进行评估。

5. 重置成本法的评估程序

1）被评估资产一经确定即用现时（评估基准日）市价估算其重置全价。

2）确定被评估资产的已使用年限、尚可使用年限及总使用年限。

3）应用年限折旧法或其他方法估算资产的有形损耗和功能性损耗。

4）估算确认被评估资产的净价

6. 案例分析

（1）**计算案例一** 一辆家用迈腾轿车，2020年8月购买，全国统一售价为188000元，4S店优惠3万元。初次登记日期是2020年9月，使用2年多后于2023年1月将车辆出售。经鉴定，该车相关证件（照）齐全、车况良好，评估基准日为2023年1月。在评估时，已知该车的现行市场销售价格为150000元，其他税费不计，用使用年限法评估该车价值。评估过程如下。

1）重置成本：P'=150000元

2）使用年限法计算该车成新率。初次登记日期是2020年9月，评估基准日为2023年1月，已使用时间为28个月。

$$\beta = \left(1 - \frac{N_1}{N_0}\right) \times 100\% = \left(1 - \frac{28}{180}\right) \times 100\% = 84.44\%$$

3）评估值。

$$P = P' \times \beta = 150000 元 \times 84.44\% = 126660（元）$$

> **说明：**新法规对小型非营运客车规定使用年限从15年延长到无限期使用，新法规对二手车价值评估没有造成巨大影响，建议用重置成本法计算二手车价值时可按老法规的15年计算，并按当地市场价值微调！

（2）计算案例二　李先生有一台家用东风日产天籁轿车要转让，该车 2021 年 6 月份购买，购买价格为 168800 元，初次登记日期是 2021 年 7 月，使用 3 年后于 2024 年 7 月进入二手车交易市场估价交易。经核对相关证件（照）齐全。经现场鉴定，车身外观原版原漆、车况较好、保养良好、行驶路况良好，评估基准日为 2024 年 7 月。在评估时，已知该新车的现行全国统一销售价为 158000 元，4S 店优惠 2 万元，其他税费不计，试使用综合分析法评估该车的现时市场价格。

1）重置成本：$P'=158000-20000=138000$（元）

2）使用年限法计算成新率。该车为家用轿车，虽然当前国家对家用轿车已无报废年限要求，但一般轿车使用 15 年后，车辆价值已比较低，所以计算时还是以报废年限 15 年进行计算，即 180 个月，该车初次登记日期是 2021 年 7 月，评估基准日为 2024 年 7 月，已使用时间为 36 个月。

$$\beta_N = \left(1-\frac{N_1}{N_0}\right) \times 100\% = \left(1-\frac{36}{180}\right) \times 100\% = 80\%$$

3）计算综合调整系数。根据题意查表 4-6，各影响因素调整系数取值为：

A. 技术状况（30%），良好，取 1.0。

B. 维护保养（25%），良好，取 1.0。

C. 制造质量（20%），国产名牌，取 0.9。

D. 使用性质（15%），非营运（私用），取 1.0。

E. 工作条件（10%），良好，取 1.0。

估算综合调整系数：

$$\sum \rho = \rho_1 \times 30\% + \rho_2 \times 25\% + \rho_3 \times 20\% + \rho_4 \times 15\% + \rho_5 \times 10\%$$
$$= 1.0 \times 30\% + 1.0 \times 25\% + 0.9 \times 20\% + 1.0 \times 15\% + 1.0 \times 10\%$$
$$= 0.98$$

4）计算评估值。

$$P = P' \times \beta_N \times \rho = 138000 \times 80\% \times 0.98\% = 108192（元）$$

四、清算价格法

清算价格是指在非正常市场上限制拍卖的价值。它与现行市价相比，两者的根本区别在于现行市价是公平市场价值；而清算价格是非正常市场上的拍卖价值，这种价格由于受到期限限制和买主限制，一般大大低于现行市价。

清算价格标准适用于企业破产清算，以及因抵押、典当等不能按期偿债而导致的车辆变现清偿等汽车评估业务。

1. 定义及影响因素

（1）**定义**　清算价格法是以清算价格为标准，对二手车车辆进行的价格评估。所谓清算价格，指企业由于破产或其他原因，要求在一定的期限内将车辆变现，在企业清算之日预期出卖车辆可收回的快速变现价格。

（2）**特点**　用清算价格法评估车辆价值时，具有以下特点。

1）预评估车辆应附有企业破产处理文件或抵押合同及其他有效法律文件。

2）预评估车辆可以快速出售变现。

（3）**影响因素**　在二手车评估中，影响清算价格的主要因素有：破产形式、债权人处置车辆的方式、车辆清理费用、拍卖时限、车辆现行市价和参照车辆价值等。

1）破产形式。如果企业丧失车辆处置权，则买方无讨价还价的可能，就以买方出价决定车辆售价；如果企业未丧失处置权，则买方仍有讨价还价余地，就以双方议价决定售价。

2）债权人处置车辆的方式。按抵押时的合同契约规定执行，如公开拍卖或收回己有。

3）拍卖时限。一般情况下，规定的拍卖时限长，售价就会高些；若规定时限短，则售价就会低些。这是由资产快速变现原则的作用所决定的。

4）车辆清理费用。在企业破产等情况下评估车辆价值时，应对车辆清理费用及其他费用给予充分的考虑。

5）车辆现行市价。车辆现行市价是指车辆交易成交时，使交易双方都满意的公平市价。

6）参照车辆价值。参照车辆价值是指与被拍卖车辆相同或类似的交易车辆现行价值，若参照车辆价值高，则被拍卖车辆价值通常也会高。

2. 适用范围

清算价格法一般适用于企业被迫停业或破产、资产抵押、停业清理等情况，急于将车辆拍卖、出售的价格评估，清算价格法评估的车辆价格往往低于现行市场价格。

3. 清算价格法的计算方法

用清算价值法确定二手车价值时，主要方法有三种：现行市价折扣法、模拟拍卖法、竞价法。

（1）**现行市价折扣法**　首先在市场上找到参照车辆，然后根据市场调查和快速变现原则，确定一个合适的折扣率，再确定二手车的评估价值，其计算公式为：

$$P = P' \times \gamma$$

式中　P'——参照车交易价值（元）；

　　　γ——折扣率（%）。

（2）**模拟拍卖法**　模拟拍卖法是通过向被评估车辆的潜在购买者询价，以此来获得市场信息，最后经评估人员分析确定其价值的一种方法，也称意向询价法。

> 说明：这种方法确定的清算价值受供需关系影响很大，要充分考虑其影响的程度。

（3）**竞价法** 竞价法是由法院按照破产清算的法定程序或由卖方根据评估结果提出一个拍卖的底价，在公开市场或拍卖会上，由买方竞争出价，谁出的价值高就卖给谁。

4. 案例分析

（1）**应用模拟拍卖法评估二手车价值** 有1台柳工50铲车，拟评估其拍卖清算价值。评估人员经过对2家矿山、3家沙场、2家电厂征询意向价值，其报价分别为30万元、28万元、28万元、30万元和30万元、29万元、28万元，平均价为29万元。考虑目前各种因素，评估人员确定清算价值为29万元。

（2）**应用现行市价折扣法评估二手车价值** 一辆2015款帕萨特轿车，经调查在二手车交易市场上成交价为12万元，根据销售情况调查，折价20%可以当即出售，则该车辆清算价值为12万元×（1-20%）=9.6万元。

五、成本折旧法

1. 定义及影响因素

（1）**定义** 折旧评估法是确定被评估车辆在预计的使用年限内由于时间的推移或使用而逐渐转移的价值。这部分价值从产品销售成本中逐年提取，存入建立的车辆折旧基金中，用于当旧车辆不能使用或不再使用时购置新的车辆，实现车辆的更新。

（2）**特点** 成本折旧评估法按计算方法的不同分为等速折旧法和加速折旧法两种。

等速折旧评估法是将二手车的转移价值平均摊配于其使用年限中，它的优点是计算简单，容易理解。但是，这种方法没有考虑车辆在各个使用年度中使用成本的摊配比例，也没考虑车辆在各个使用年度中无形损耗（功能性损耗和经济性损耗）的摊配比例。

加速折旧评估法克服了等速折旧法的不足。充分考虑了各个使用年度负担的二手车使用成本的均衡性，同时也反映了由于技术进步所带来的价值损耗情况。

（3）**影响因素**

1）计算方法的选择。

2）被评估车辆折旧年限的确定。

3）被评估车辆的技术状况。

2. 适用范围

由于折旧评估法采用年限评估车辆价值，使二手车剩余价值相对较小，这对二手车

买方来说比较有利，减少买方风险。因此折旧评估法适用于二手车收购。

3. 评估方法及计算公式

用成本折旧法评估二手车时，不但要计算二手车已使用年数的累计折旧额，还要考虑二手车某些功能完全丧失、需要维修和换件而发生的维修费用。二手车评估值的数学表达式为：

$$P_1 = P_2 - \sum A - \sum B$$

式中　P_1——二手车评估值（元）；
　　　P_2——重置成本全价（元）；
　　　$\sum A$——折旧总额（元）；
　　　$\sum B$——维修费用总额（元）。

> 说明：式中采用重置成本全价而不采用二手车原值，主要是考虑了其他因素给二手车带来的贬值（如功能性贬值和经济性贬值）。维修费用是指车辆在现状下，某些功能完全丧失需要的维修和换件的总费用。

（1）用等速折旧法计算折旧总额　等速折旧法也称为年限平均法，是用车辆的总值（车辆原值减去残值）除以车辆使用年限，以求得每年平均折旧额的方法。计算公式为

$$\beta = \frac{D-K}{N}$$

折旧总额为

$$\sum A = A \times N$$

式中　A——年平均折旧额（元）；
　　　D——车辆的原值（元）；
　　　K——车辆的残值（元）；
　　　N——车辆使用年限。

> 说明：等速折旧法一般用于使用强度比较平均，且各期所取得的收入差距不大的二手车的评估中。在评估时，车辆的残值有时忽略不计。

（2）用加速折旧法计算折旧总额　加速折旧法也称递减折旧法，是指在汽车使用早期多提折旧，在使用后期少提折旧的一种方法，其计算方法有两种：年份数求和折旧法和双倍余额递减折旧法。

1）年份数求和折旧法。年份数求和折旧法是指每年的折旧额可用车辆原值减去残值的差额乘一个逐年递减系数来确定折旧额的一种方法。计算公式为

$$A = (D-K) \times \gamma$$

式中　A——二手车年折旧额（元）；
　　　D——二手车原值（元）；
　　　K——二手车残值（元）；
　　　γ——递减系数，

$$\gamma = \frac{N+1-t}{N(N+1)/2}$$

式中　N——车辆使用年限（年）；
　　　t——已使用的年限（年）。

> 说明：递减系数的分子是尚可使用的年限，逐年减少；分母是预计可使用年限逐年使用年数的总和，是一个不变值，即每年递减系数的分母均相等，分子大小等于到评估基准日为止还剩余的使用年限。

2）双倍余额递减折旧法。双倍余额递减法是根据每年年初二手车剩余价值和双倍的等速法折旧率计算二手车折旧的一种方法，其计算公式为

$$\gamma = \frac{2}{N} \times 100\%$$

$$A = P' \times \gamma$$

式中　A——二手车年折旧额（元）；
　　　P'——年初二手车剩余总价值（元）；
　　　N——二手车预计使用年限（年）；
　　　γ——双倍等速法折旧率。

> 说明：二手车年初剩余价值计算规律是：第一年年初二手车剩余价值为二手车原值 P_0；第二年年初二手车剩余价值为 $P_1=P_0-A_1$；第三年年初二手车剩余价值为 $P_2=P_1-A_2$；……依此类推。

4. 案例分析

2017年10月，某二手车商欲收购一辆1.4T速腾轿车用于租赁，车辆基本情况如下。注册登记日期：2015年10月；行驶里程：50000km；配置齐全、车况良好。

经核对相关税费票据、证件（照）齐全有效。该车目前市场行情价位15万元，试确定其收购价值（残值忽略不计）。评估过程如下。

1）采用折旧法计算收购价值。

2）从2015年10月到2017年10月，该车已使用二年，按国家汽车报废标准，该车规定使用年限为15年。

3）原值 $D=150000$ 元，残值 K 忽略不计。

4）分别以等速折旧法、年份数求和折旧法和双倍余额递减折旧法计算累计折旧额：

①等速折旧法计算二手的累计折旧额，所以，年折旧额为：

$$A = \frac{D-K}{N} = \frac{150000}{15} = 10000 （元）$$

所以，该车两年累计折旧额为 20000 元。

②年份数求和折旧法计算二手车的累计折旧额：

递减系数为

$$\gamma = \frac{N+1-t}{N(N+1)/2} = \frac{16-t}{120}$$

所以，该车年折旧额 $A=(D-K)\times\gamma$，其计算结果见表 7-7。

表 7-7 二手车累计折旧额（一）

年份	原值/元	递减系数	年折旧额/元	累计折旧额/元
2015.10 — 2016.9	150000	15/120	18750	18750
2016.10 — 2017.10		14/120	17500	36250

③双倍余额递减折旧法计算二手车的累计折旧额：

$$年折旧率\ \gamma = \frac{2}{预使用年限} = \frac{2}{15}$$

所以，年折旧额 $A = D\times\gamma(1-\gamma)^{t-1}$，其计算结果见表 7-8。

表 7-8 二手车累计折旧额（二）

年份	原值/元	年折旧率/元	年折旧额/元	累计折旧额/元
2015.10 — 2016.9	150000	2/15	20000	20000
2016.10 — 2017.10	130000	2/15	15022	35022

5）计算二手车收购价值。根据前面三种不同折旧计算法，得出三种不同的二手车折旧额，由于从收购方的利益出发，应采用折旧额最大的一种计算方法来收购二手车，所以，该二手车收购价值为：

$$P' = P_0 - \sum A - P_W = 150000 - 36250 = 113750 （元）$$

式中 P_W——维修费用（由于该车车况良好，维修费用忽略不计）。

六、简单估算法

在二手车市场中，有比较简单的估价方法。简单地说，车况良好，没有水泡、火烧，没有发生钣金变形程度以上事故的车辆。最简单的算法，即第 1 年掉价 20%，第 2~5 年每年掉价 10%，第 6 年开始每年掉价 5% 左右，快速折扣率见表 7-9。

表 7-9　快速折扣率

年限	第 1 年	第 2 年	第 3 年	第 4 年	第 5 年	第 6 年	第 7 年	第 8 年	最低
成新率	8 折	7 折	6 折	5 折	4 折	3.6 折	3.2 折	3 折	1.5 折

在评估中，对合资品牌的大众化车型，可以采用以上方法对车辆进行初步估算，然后结合车型的保值率、市场的畅销程度、车况等再加或减一个调整金额，得出一个比较准确的评估值。

$$重置成本 = 新车指导价 - 优惠价$$

$$评估值 = 重置成本 \times 折旧率 + 调整金额 - 维修费用$$

> **说明：** 调整金额的得出需要评估师对二手车市场的充分了解，需要评估师具有丰富的评估经验。不同的评估师由于经验不一样，得出的调整金额是有差异的。

根据市场的规律，在实际评估中，国产车 3 年折旧 5 成，美韩法系车约 3.5 年折旧 5 成，德系车、日本车 5 年折旧 5 成。估算出收购价，实际上零售价会比这高一些。

例如一辆 2014 年 10 月上牌的大众 1.4T 双离合自动版高尔夫，2017 年 10 月想出售，车况良好，无事故、无泡水、无调表。2017 年市场同款新车成交价为 15 万元，用"简单粗暴"法可以评出该车收购价格大约为：9 万元。

学习任务二　评估方法对比分析

二手车评估过程中，采用不同的价值评估方法，其结果是不同的。了解不同评估方法的区别与联系尤为重要。

一、价值评估的前提条件

二手车的价值评估是建立在一定的假设条件之上运用资产评估的理论和方法进行的。二手车价值评估的假设前提有继续使用假设、公开市场假设和破产清算（清偿）假设。

1. 继续使用假设

继续使用假设是指二手车将按现行用途继续使用，或转换用途继续使用。对这些车辆的评估，就要从继续使用的假设出发，而不能按车辆拆零出售零部件所得收入之和进行估价。

在确定二手车能否继续使用时，必须充分考虑如下的条件：

1）车辆具有显著的剩余使用寿命，而且能以其提供的服务或用途，满足所有者经营上或工作上期望的收益。

2）车辆所有权明确，并保持完好。

3）车辆从经济上和法律上允许转为他用。

4）充分地考虑了车辆的使用功能。

2. 公开市场假设

公开市场假设是指在市场上交易的二手车辆，交易双方彼此地位平等，彼此双方都获取足够市场信息的机会和时间，以便对车辆的功能、用途及其交易价值等给出理智的判断。

公开市场假设是基于市场客观存在的现实，即二手车辆在市场上可以公开买卖。不同类型的二手车，其性能、用途不同，市场程度也不一样。在进行二手车评估时，按照公开市场假设处理或作适当调整，才有可能使车辆获得的收益最大。

3. 清算（清偿）假设

清算（清偿）假设是指二手车所有者在某种压力下被强制进行整体或拆零，经协商或以拍卖方式在公开市场上出售。这种情况下的二手车价值评估具有一定的特殊性，二手车的评估价会大大低于继续使用或公开市场条件下的评估值。

上述三种不同假设形成三种不同的评估结果。在继续使用假设前提下要求评估二手车的继续使用价值；在公开市场假设前提下要求评估二手车的市场价值；在清算假设前提下要求评估二手车的清算价值。因此，二手车鉴定估价人员在业务活动中要充分分析了解、判断认定被评估二手车最可能的效用，选择最佳的评估方法，以便得出二手车的公平价值。

二、重置成本法与收益现值法对比分析

重置成本法与收益现值法的区别在于：前者是历史过程，后者是预期过程。重置成本法比较侧重对车辆过去使用状况的分析。尽管重置成本法中的更新重置成本是现时价值，但重置成本法中的其他许多因素都是基于对历史的分析，再加上对现时的比较后得出结论的。如有形损耗就是基于被评估车辆的已使用年限和使用强度等来确定的。由此可见，如果没有对被评估车辆的历史判断和记录，那么运用重置成本法评估车辆的价值

是不可能的。

与重置成本法比较，收益现值法的评估要素完全是基于对未来的分析。收益现值法不必考虑被评估车辆过去的情况怎样，也就是说，收益现值法从不把被评估车辆已使用年限和使用程度作为评估基础。收益现值法所考虑和侧重的是被评估对象未来能给予投资者带来多少收益。预期收益的测定，是收益现值法的基础。一般而言，预期收益越大，车辆的价值越大。这符合营运环境变好，营运车价值上涨的变化规律。

三、重置成本法与现行市价法对比分析

理论上讲，重置成本法也是一种比较方法。它是将被评估车辆与全新车辆进行比较的过程，而且，这里的比较更侧重于性能方面。比如，评估一辆二手车时，首先要考虑重新购置一台全新的车辆时需花多少成本，同时还需进一步考虑二手车的陈旧状况和功能、技术情况。只有当这一系列因素充分考虑周到后，才可能给二手车定价。而上述过程都涉及与全新车辆的比较，否则就无法确定二手车的价值。

与重置成本法比较，现行市价法的出发点更多地表现在价值上。由于现行市价法比较侧重价值分析，因此对现行市价法的运用便十分强调市场化程度。如果市场很活跃，参照车辆很容易取得，那么运用现行市价法所取得的结论就会更可靠。现行市价法的这种比较性，相对于重置成本法而言，其条件更为广泛。

运用重置成本法时，也许只需有一个或几个类似的参照车辆即可。但是运用现行市价法时，必须有更多的市场数据。如果只取某一数据做比较，那么现行市价法所做的结论将偏离实际，评估结论肯定受到怀疑。

四、收益现值法与现行市价法对比分析

如果说收益现值法与现行市价法存在某种联系，那么这一联系就是现行市价法与收益现值法的结合。通过把现行市价法和收益现值法结合起来评估车辆的价值，在二手车市场交易发达的国家应用得相当普遍。

从评估观点看，收益现值法中任何参数的确定，都具有人的主观性。因为预期收益、折现率等都是不可知的参数，也容易引起争议。但是这些参数在运用收益现值法评估车辆价值时必须明确，否则收益现值法就不能使用。然而，一旦从估计上来考虑收益现值法中的参数，那么这就涉及估计依据问题。对这样的问题，在市场发达的地方，解决的方式便是寻求参照车辆，通过选择参照车辆，进一步计量其收益折现率及预期年限，然后将这些参照车辆数据比较有效地运用到被评估车辆上，以确定车辆的价值。

把收益现值法和现行市价法结合起来使用，其目的在于降低评估过程中的人为因

素，更好地反映客观实际，从而使车辆的评估更能体现市场观点。

五、清算价格法与现行市价法对比分析

清算价格法与现行市价法，都是基于现行市场价格确定车辆价格的方法。所不同的是，利用现行市价法确定的车辆价格，如果被出售者接受，而不被购买者接受，出售者有权拒绝交易。但利用清算价格法确定的清算价格，若不能被买方接受，清算价格就失去意义。这就使得利用清算价格进行的评估，完全是一种站在购买方立场上的评估，在某种程度上，这可以被认为是一种取悦于购买方的评估。清算价格法评估价值将大大低于现行市价法。

六、成本折旧法和重置成本法对比分析

成本折旧法和重置成本法都是从二手车"损耗"的角度出发评价二手车价值的，但二者是有很大区别的，主要体现在以下几个方面。

1. 规定使用年限与规定折旧年限的含义不同

规定使用年限不同于规定折旧年限。规定使用年限由《汽车报废标准》确定，是一个全国统一的标准；规定折旧年限是企业对某一类资产做出会计处理的统一标准，是一种高度政策化数字，对于该类资产中的每一项资产虽然具有普遍性、同一性和法定性，但不具有实际磨损意义上的个别性或特殊性。实际上，折旧年限表现为以下几个方面的特征：

1）折旧年限是一个平均年限，对于同一类型中的任何一项资产均适用。

2）它是在考虑损耗的同时，又考虑社会技术经济政策和生产力发展水平，有时甚至以它为经济杠杆，体现对某类资产鼓励或限制生产的政策。

3）它是以同类资产中各项资产运转条件均相同的假定条件为前提的。这种情况下，同类型的资产，无论其所在地如何，维护情况、运行状况如何，均适用同一的折旧年限。

4）折旧年限是一个预计使用年限。预计使用年限是指固定资产预计经济使用年限，通常短于固定资产的物质使用年限。在预计时应同时考虑有形损耗和无形损耗，在科技进步迅猛的现代社会，产品更新换代快，无形损耗有时会大于有形损耗。因此，企业应结合本企业的具体经营规模和经营效益等情况，合理地确定固定资产的折旧年限。

在二手车估价中，鉴定估价人员可根据估价目的合理地确定折旧年限，一般可用《汽车报废标准》中规定的使用年限代替预计使用年限。

2. 两者的损耗含义不同

折旧是由损耗决定的，但折旧并不完全是真正意义上的实际磨损，而是企业根据国

家有关规定，结合本企业的具体经营规模和经营特点等情况，在确定的固定资产折旧年限内，分摊固定资产原值而计提的折旧额。根据《企业会计准则——固定资产》的规定，对入账的固定资产，不管企业使用与否都应计提折旧。因此，折旧是高度政策化了的损耗。

二手车实体有形损耗是指二手车在存放和使用过程中，由于自然力的作用而发生的损耗，是真正的实体磨损。

3. 折旧额与实体性贬值意义不同

折旧额是会计账面上根据固定资产的原始价值和预计使用年限，按照选择的折旧方法合理地分摊固定资产的应提折旧总额。年限折旧法计算的折旧额与固定资产的实际使用强度没有联系。实体性贬值是由于实体磨损而带来的贬值，不同于折旧额，不能用账面上累计折旧额代替实体性贬值。实体性贬值可以通过折旧得到补偿。在车辆使用过程中，价值的运动依次经过价值损耗、价值转移和价值补偿，折旧作为转移价值，是在损耗的基础上确定的。

4. 重置成本法中成新率的确定与折旧年限确定的基础损耗意义不同

确定折旧年限的损耗包括有形损耗（实体性损耗）和无形损耗；而评估中确定成新率的损耗，包括实体性损耗、功能性损耗和经济性损耗。其中，功能性损耗只是无形损耗的一种形式，而不是无形损耗的全部。优点：计算方法简便，适用范围最广泛；缺点：忽略了某些固定资产，在不同期间使用强度的不均衡性所导致不同期间固定资产有形损耗程度的差异。

七、价值和价格的区别与联系

价格是商品同货币交换比例的指数，或者说，价格是价值的货币表现。价格是商品的交换价值在流通过程中所取得的转化形式。商品价格和商品价值既有联系又有区别。

价值（value）和价格（price）之间的关系及本质区别是：价值是物的真实所值，是内在的，是相对客观和相对稳定的，是价值的波动"中心"；价格是价值的外在表现，围绕着价值而上下波动，是实际发生、已经完成并且可以观察到的事实，它因人而异，时高时低。现实中由于定价决策、个人偏好或者交易者之间的特殊关系和无知等原因，时常会出现"低值高价"或者"高值低价"等价格背离价值的情况。因此，为了表述上更加科学、准确，也为了与国际上通行的估价理念、理论相一致，便于对外交流沟通，应当指出估价本质上是评估价值而不是评估价格。

对于具体资产评估来说，评估是对资产价值的评估，是资产评估价值的质的规定。当然资产评估价值是该资产在特定条件下的价值。其价值的含义随着条件的不同而具有

不同的量值。任何评估结果都是有条件的，不同的市场条件，评估的目的及其价值的含义也是不同的。

二手车评估是资产评估的一种，所以要正确理解评估价值和价值的区别与联系。实际工作中，二手车价值受到市场等外界因素影响很大，但又是围绕价值而变动。在二手车交易过程中，由于交易双方的个人偏好与需求、投资策略、市场经验等原因，常常会出现价格与价格相背离的情况，所以不能用交易价格来评估价值的正确与否。

> **特别提醒**：二手车价格评估一定要遵循市场规律，评估时一定要公平公正，计算车辆价格要严谨、细致、精益求精，做到准确无误，为市场公平交易提供有力支撑。

复习思考题

1. 2012年2月花28万元购置一辆日产天籁轿车作为私家用车，于2017年10月在本地旧机动车市场交易，该车初次登记日期为2012年2月，累计行驶9.0万km，使用条件一般，维护一般，技术状况鉴定为一般，2017年该车的市场新车价格为25万元，试用综合分析法评估该车的价格。

2. 2016年5月蓝先生花70万元购置了一辆VIN码为W开头的奥迪A6轿车作为私家用车，于2022年2月在南宁市新畅行二手车市场交易，该车初次登记日期为2016年7月，累计行驶10.5万km，经常走路况差的道路，使用条件较差。经检查，底盘有多处刮碰痕迹，发动机有多处漏油，保养较差，技术状况鉴定为一般。2022年该车的市场新车含税（含车辆购置税）最低成交价68.88万元，试用综合分析法评估该车的价格（计算时车辆价格留两位小数点，单位万元。成新率统一用%表示，精确到小数点后两位）。

提示：车辆购置税=（新车购置价/1.13）×10%

项目八 二手车交易

学习任务一　二手车收购

开二手车店比较容易，只要有足够的资金、场地、人员，然后到工商局申领营业执照就可以营业。那问题来了，销售的产品从哪来，二手车商品和销售其他产品完全不一样，没有专门的供货商，如果没有车源到时候就变成无车可卖。

一、二手车商的收车渠道

1）直接到市场里来卖车的车主；有部分车主认为到4S店的置换价格低，或不是置换的车主就直接开到二手车市场来卖。

2）朋友介绍，修理厂介绍，外地中介介绍。

3）二手车商同行之间批发；特别是经济比较落后的地区，销售的高端品牌二手车主要来源为来自发达城市同行的批发，比如广西的很多二手车商，会到广东、浙江、四川批发高端品牌二手，这是高端品牌二手车的一个主要来源渠道。

4）各大交易网站；通过搜寻二手车交易网站，个人发布售车信息，邀约车主见面把车卖给二手车商。

5）4S店置换车，与各大汽车4S店建立关系，4S店置换的车辆是二手车商的来源渠道之一。

二、哪些车不能收

1）已报废或者达到国家强制报废标准的车辆。

2）在抵押期间或者未经海关批准交易的海关监管车辆。

3）在人民法院、人民检察院、行政执法部门依法查封、扣押期间的车辆。

4）通过盗窃、抢劫、诈骗等违法犯罪手段获得的车辆。

5）发动机号、车辆识别代号或者车架号码与车辆登记证书不相符，或者有凿改迹象的车辆。

6）走私、非法拼（组）装、免税或赠予的车。

7）不具法定证明、凭证的车辆。

8）其他国家法律、行政法规禁止经营的车辆。

三、收车时手续的查验

1. 原车发票

查验购车发票（图8-1），可以知道第一次购车的车主是谁，购车价是多少，为评估价格做准备。

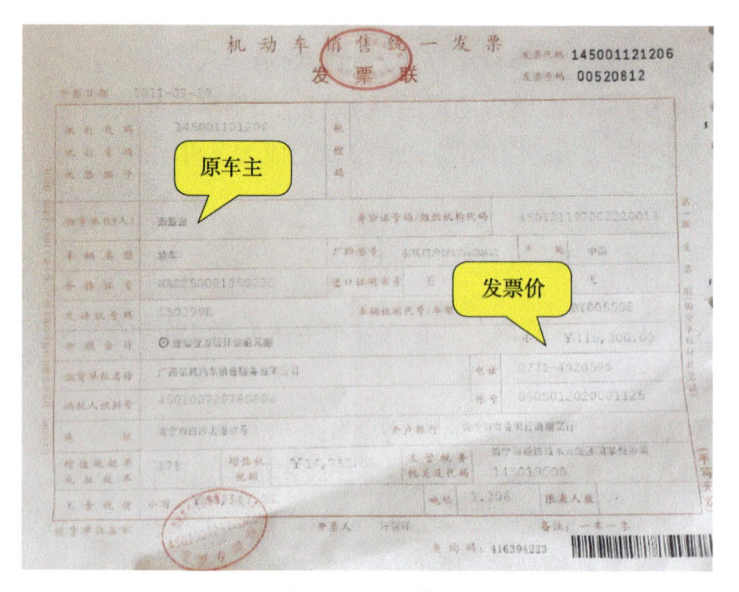

图8-1 购车发票

2. 查验车辆登记证书

车辆登记证书有三页，第一页主要显示原车主信息，第二页主要显示车辆的基本信息，车辆登记证书的第三页主要显示车辆的变更信息（图8-2）。要知道车辆过户次数，

项目八　二手车交易

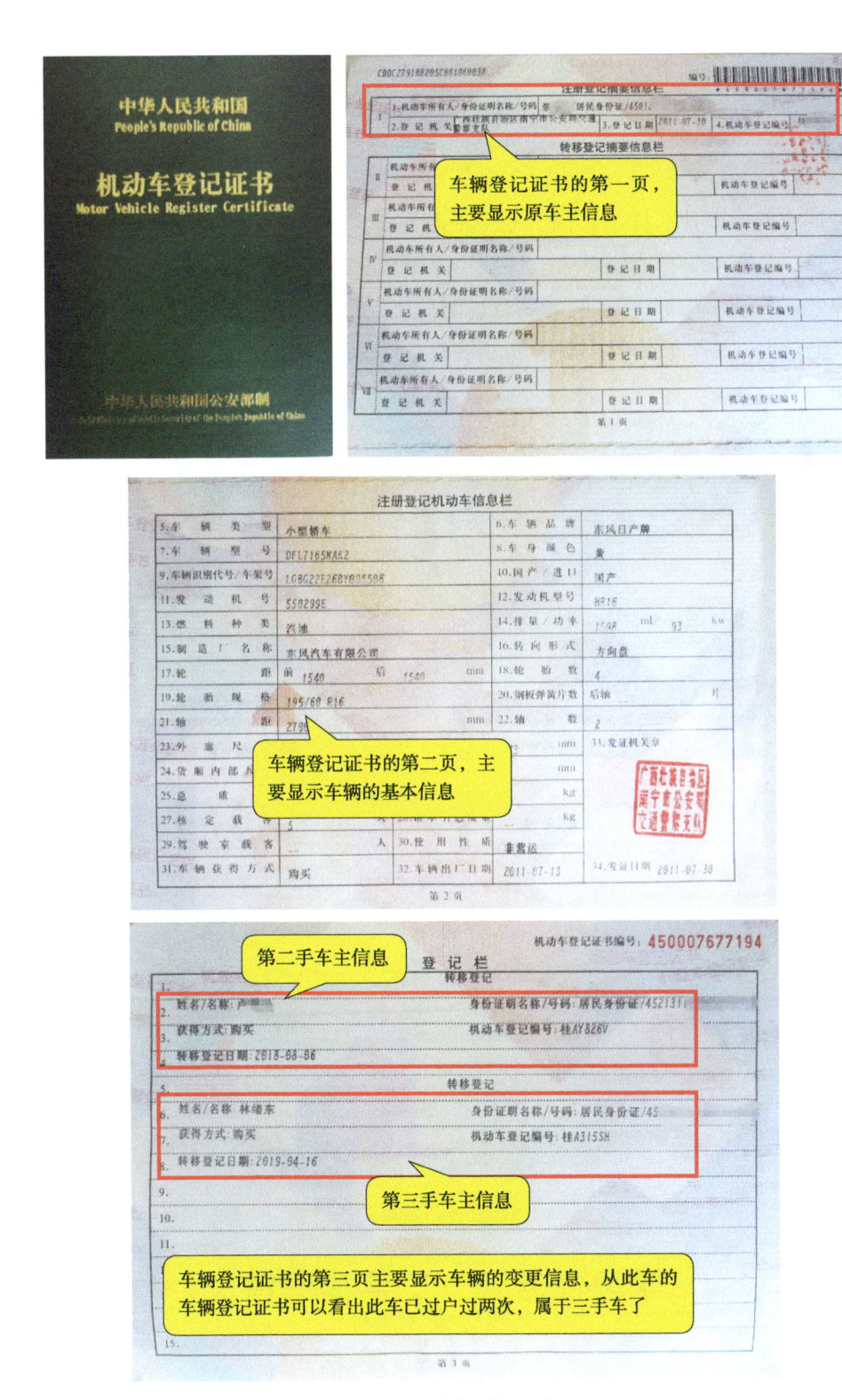

图 8-2　车辆登记证书

一定要拿到车辆登记证书，从车辆登记证书的第三页就可以看出车辆的过户次数。车辆行驶证只能知道车辆有没有过户，过户次数是看不到的。

3. 查验行驶证

行驶证有两个卡片一样的页面，一个正面是车辆照片，背面是车辆信息。一个是车辆查验记录。收车查验车辆要对照上牌照片（图 8-3），看有没有改装。对照信息页的注册日期和发证日期（图 8-4），两者一致说明此车无过户记录，不一致说明有过户记录。对照年审记录页，看车辆是否按期年审（图 8-5、图 8-6）。

图 8-3 行驶证照片页

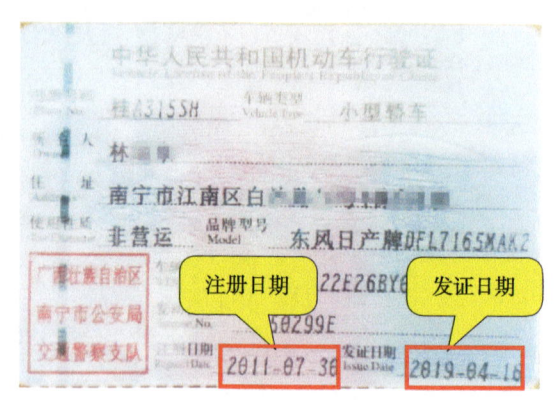

图 8-4 行驶证信息页

图 8-5 行驶证审验页正面

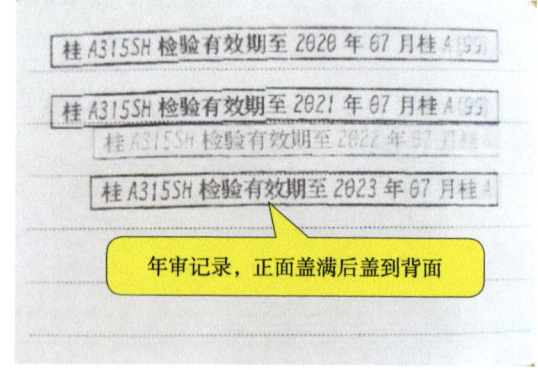

图 8-6 行驶证审验页背面

学习任务二　二手车销售

一、二手车拍照线上集客

收购到店的二手车，在网络时代更需要在线上进行信息发布，虽然展厅展示车辆能让客户很直观地触觉到商品成色。而通过互联网自媒体信息发布来引流集客，很重要的一环就是如何拍一张能真实反映车辆情况的好照片，提高商品曝光度，吸引消费者来店赏车，让消费者认可公司品牌与商品。所售的每辆二手车是一个特别重要，同时也是特别好的宣传载体，照片的拍摄显得尤为重要。

拍摄的时候选正面、后面、侧面、侧前方、侧后方、车前排座椅、车后排座椅、仪表、发动机舱等九大角度。通过这九个方位将整个车辆很好的呈现出来。

第一张，**正面照**。正面照主要要展示整车 LOGO、前脸、正面美感（图 8-7）。

第二张，**后面照**。后面照展示车辆尾部造型、尾灯、排气管，特别是双排气管的，要能很好地展示出来（图 8-8）。

图 8-7　正面照　　　　　　　　图 8-8　后面照

第三张，**侧面照**。侧面照主要展示车辆侧身线条，特别是流线型、运动车型（图 8-9）。

第四张，**侧前方 45°照**。右斜 45°，停止后方向左旋转到底，展示左侧面车身与轮胎信息（图 8-10）。

图 8-9　侧面照　　　　　　　　图 8-10　侧前方 45°照

侧前、后方拍摄时，露出轮毂，显得更加犀利

第五张，**侧后方 45°照**（图 8-11）。

第六张，**前排座椅**。前排座椅展示车内转向盘、中控台、前排座椅、前排驾驶空间

（图 8-12）。

图 8-11 侧后方 45°照

图 8-12 前排座椅

第七张，仪表。展示仪表信息，重点是里程数透明公开（图 8-13）。

第八张，后排座椅。展示后排座椅，乘坐空间（图 8-14）。

图 8-13 仪表

图 8-14 车后排

第九张，发动机舱。展示车辆发动机舱结构、整洁度、规整度（图 8-15）。

图 8-15　发动机舱

二、二手车门店销售

二手车的销售和新车几乎一样，包括**客户开发（线上、线下集客）、售前准备（主要是车辆清洁、美容）、客户接待、需求分析、产品介绍、试驾车辆、协商成交、交车、售后关怀**等环节。

二手车销售必须要有产品体验中心，也就是门店。客户只有体验过产品后才会出手购买。

三、二手车置换（4S 店）

随着我国汽车产业的快速发展，汽车保有量越来越多，同时人们对汽车的需求也越来越多样化，汽车置换作为汽车交易的一种方式，逐渐显示出满足人们需要的优越性和调节汽车流通的重要作用。

1. 汽车置换的定义

从国内正在操作的汽车置换业务来看，对汽车置换的定义有狭义和广义的区别。从狭义上来说，汽车置换就是以旧换新业务。经销商通过二手商品的收购与新商品的对等销售获取利益。目前，狭义的置换业务在世界各国都已成为流行的销售方式。而广义的汽车置换概念则是指在以旧换新业务基础上，还同时兼容二手商品整新、跟踪服务及二手商品在销售乃至折抵分期付款等项目的一系列业务组合，从而使之成为一种独立的营销方式。二手车作为替代产品，已经对新车销售构成威胁。国内各地的二手车市场虽然起步较晚，但目前的交易规模已经相当可观，狭义置换业务也得到长足发展；广义置换业务在国内尚处于萌芽状态，亟待各方面的关心和扶持。

2. 国内主要汽车置换商简介

过去，由于用户对车辆残值和二手车交易行情缺少了解，且缺乏规范、有公信力的专业技术评估手段，导致二手车交易障碍重重，市场发展不够规范。2004年品牌二手车的兴起，成为二手车市场的一个亮点。具有原厂质量保证的二手车认证和置换服务，为消费者提供了车辆更新和购置的新选择。继上海通用汽车率先进入二手车领域后，上海大众、一汽大众等厂家也纷纷进军二手车市场。

（1）上海通用"诚新二手车" 上海通用汽车是国内较早涉足品牌二手车领域的汽车制造商，在服务经验、规范化程度以及开展的业务等方面比较领先，其"诚新二手车"品牌已逐渐成为二手车市场的标杆。目前开展的业务主要还是新车置换，但是业务开展深度较强，认证二手车数量较多，可以在全国范围内开展整备后二手车的销售。2004年，上海通用汽车开始将中国第一个二手车品牌全面升级，由原来的"别克诚新二手车"升级为"上海通用汽车诚新二手车"。

（2）一汽大众认证二手车 相比上海通用，一汽大众进入二手车领域较晚。2004年8月28日，一汽大众认证二手车首批样板店举办了开业典礼，宣布进军二手车业务。相比前者来说，经验和方式等多样性方面不够理想，但也逐渐开展了拍卖等销售方式。首批样板店是一汽大众从全国347家特许经销商当中选取了13个城市的16家信誉较好的经销商，以保证能够赢得良好的口碑。

（3）上海大众特选二手车 上海大众集团早在2003年11月就推出了自己的二手车交易品牌——上海大众特选二手车。它在发展形势方面和一汽大众认证二手车基本相同。上海大众在20年的时间里累计销售出287万辆汽车，目前保有量达到230多万辆，是国内汽车品牌中最大保有量的拥有者，车源和用户丰富也是上海大众进行二手车交易（包括旧车置换业务）的优势。

3. 国内主要汽车置换运作模式

从国内的交易情况来看，目前进行的汽车置换有3种模式。

①用本厂旧车置换新车（即以旧换新）。如厂家为"一汽大众"，车主可将旧捷达车折价卖给一汽大众的零售店，再买一辆新宝来。

②用本品牌旧车置换新车。如品牌为"大众"，假设拥有一辆旧捷达的车主看上了帕萨特，那么他可以在任何一家"大众"的零售店里置换到一辆喜欢的帕萨特。

③只要购买本厂或本公司的新车，置换的旧车不限品牌。国外基本上采用的是这种汽车置换方式。上海通用汽车诚新二手车开展的就是这种汽车置换模式，消费者可以用各种品牌的二手车置换别克品牌的新车。

4. 汽车置换的服务程序

汽车置换包括旧车出售和新车购买两个环节。不同的汽车置换授权经销商对汽车置换流程的规定不完全一样。国内一般的汽车置换程序如下。

①顾客通过电话或直接到汽车置换授权经销商处进行咨询，也可以登录汽车置换授权经销商的网站进行置换登记。

②汽车评估定价。

③汽车置换授权经销商销售顾问陪同选订新车。

④签订旧车购销协议以及置换协议。

⑤置换旧车的钱款直接冲抵新车的车款，顾客补足新车差价后，办理提车手续，或由汽车置换授权经销商的销售顾问协助在指定的经销商处提取所订车辆，汽车置换授权经销商提供一条龙服务。

⑥顾客如需贷款购新车，则置换旧车的钱款作为新车的首付款，汽车置换授权经销商为顾客办理购车贷款手续，建立提供因汽车消费信贷所产生的资信管理服务，并建立个人资信数据库。

⑦汽车置换授权经销商办理旧车过户手续，顾客提供必要的协助和材料。

⑧汽车置换授权经销商为顾客提供全程后续服务。

在汽车置换中，新车可选择仍使用原车牌照，或上新牌照，购买新车需交钱款：新车价值 – 旧车评估价值，如果旧车贷款尚未还清，可由经销商垫付还清贷款，款项计入新车需交钱款。

学习任务三　二手车提档过户

一、办理二手车过户的必要性

办理二手车过户可以从法律上完成车辆所有权的转移，保障车辆来源的合法性，如避免买到走私车和盗抢车等，同时明确了买卖双方与车辆相关的责任划分，如债务纠纷、交通违法等，确保了买卖双方的合法权益。

1. 过户需要的手续

卖方：车主身份证、车辆登记证书、车辆行驶本、购车原始发票（如果之前过户过就是过户票），卖方是单位则需要组织机构代码证书原件及公章。

买方：身份证，外地人上当地牌照另需有效期内居住证。买方是单位则需要组织机构代码证书原件及公章。

双方：签订二手车买卖合同。带齐以上所有手续，到二手车过户大厅办理。

2. 收费标准

二手车公平价格过户费主要按排量、年份进行收取，根据轿车、越野车、客车、货车等车辆类型以及不同排量范围、载重量范围等类别的不同，采取不同的收费标准。

3. 注意事项

（1）办理二手车过户的条件　有合法来源和手续、无遗留银行质押和法院封存记录、无遗留交通违章和未处理事故记录、无遗留欠费记录、所有证件齐备。

（2）二手车过户前的准备

①开具交易单：缴纳二手车交易税。

②车辆外检：将车开到过户验车处，车辆进行检查、拓号、拆牌和照相，需缴纳10元的拓号费。领取车辆照片，贴于检查记录表上。这些办完后，可以将车停到停车场，进入过户大厅办理归档手续。

③车牌选号：取号机取号之后，拿着相关材料排队缴纳过户费。另外，过户费各个交易市场略有不同。

④转移迁出：需要的材料包括机动车注册、转移、注销登记表/转入申请表，检查记录表，原登记证，原行驶证，原车主身份证，原车牌号，车辆照片，交易市场过户发票。

二、交易流程

将车开到市场，有旧机动车经营公司为其代理完成过户程序：评估—验车—打票。买卖双方需签订由工商部门监制的《旧机动车买卖合同》，合同一式三份，买卖双方各持一份，工商部门保留一份。经工商部门备案后才能办理车辆的过户或转籍手续。

等评估报告出来后，开始办理过户手续。办理好的过户凭证由买方保留，卖方最好也保留一份复印件，以备日后不时之需。

签订合同需要注意

1. 明确相关事项

在签订二手车过户合同时，特别要注意合同上的字眼，诸如违约责任、相关手续费用的问题，另外对于交易过程中买卖双方确定好的相关事项，需要在合同上以文字形式体现出来。这样，可以有效提防可能出现在合同里面的隐含条款和免责条款。

2. 谨防文字游戏

初次买卖二手车的人由于对二手车交易流程以及相关的知识不是很了解，所以很容易进入盲区，如果签署的二手车买卖协议描述含糊不清，那么到时候出了事只能自己吃哑巴亏。

如在办理有关手续时，发现车辆有盗抢记录或扣车记录或写着"按购车款及维修费退回总款数，以实际数及单据为准"。这里对"按购车款及维修费退回总款数，以实际数及单据为准"的说明，就是一个文字游戏，就极易在退款依据及退款实际数额方面让人产生误解。

三、二手车过户的基本流程

1. 查询、处理车辆违法记录

通过交管12123App或到车管部门查询车辆是否有违法记录（图8-16），如果有违法记录，由原车主先处理，否则不过户。

图8-16 查询车辆违法记录

2. 验车、拆牌回收

确认车辆无违法记录后，带齐相关手续（交易双方身份证、车辆登记证书、行驶证、交易发票），开车到当地二手车过户点验车（图8-17），交警查验合格的车辆才能过户。一定要开车去，不能只带相关手续去，因为过户也要验车的。

交警验车合格后，拆牌回收。拆牌时一定要用车牌照拆卸钳（图8-18），不要随便用普通的螺丝刀硬撬，车牌固定螺栓是自锁的，直接硬撬会把车牌撬坏。

图8-17 交警验车

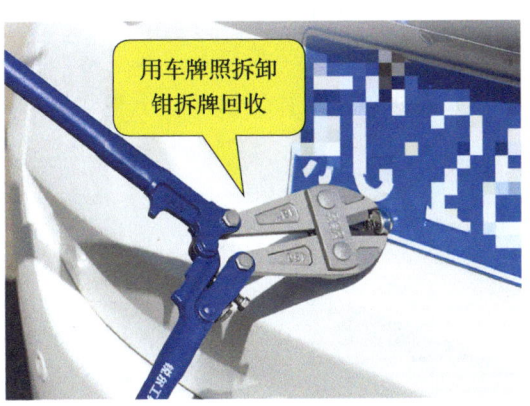

图8-18 拆牌回收

3. 办理变更手续、打印新的行驶证，办理临时号牌

凭交警验车合格的手续到办证大厅办理车辆户籍变更（图 8-19）。交警根据新车主选的号重新打印行驶证并发放临时号牌。

图 8-19　办理变更手续

> **特别提醒**：当前二手车交易存在诸多不诚信的问题，比如事故车、泡水车不明确告知客户，为了蒙蔽客户把量程调低，这是影响二手车市场健康、有序发展非常严重的问题。作为二手车从业者，一定要把诚信经营放在第一位，只有诚信、守法、公平、公正才能赢得市场。

复习思考题

1. 简述二手车商的收车渠道。
2. 哪些二手车不能收？
3. 简述二手车提档过户所需手续。
4. 自媒体时代如何做好二手车营销？

附　录

附录A　新能源纯电动二手车鉴定评估作业表（示范文本）

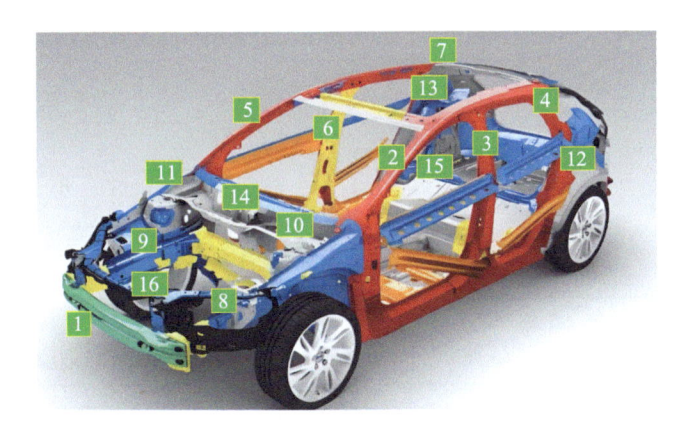

1—车体对称性　2—左A柱　3—左B柱　4—左C柱　5—右A柱
6—右B柱　7—右C柱　8—左前纵梁　9—右前纵梁　10—左前减振器悬架部位
11—右前减振器悬架部位　12—左后减振器悬架部位　13—右后减振器悬架部位
14—前围板部位　15—车底板部位　16—散热器框架部位

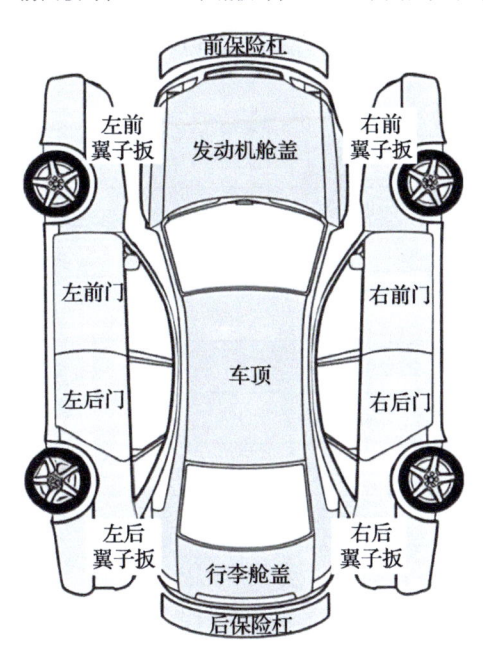

211

流水号：　　　　　　　　　鉴定评估日：　　　年　　月　　日

品牌型号		行驶里程	表显	
号牌号码			推定	
VIN码		车身颜色		
电机号		车主姓名/名称		
电池类型		电池额定电量		
使用性质	□营运用车　□出租车□公务用车□家庭用车□其他			
车辆生产厂家				
法人代码/身份证号码		注册日期	年　月　日	
		发证日期	年　月　日	
年检证明	□有（至　　年　　月）□无	车船税证明	□有（至　年　月）□无	
交强险	□有（至　　年　　月）□无	购置税证书	□有□无	
其他法定凭证/证书	□号牌号码□行驶证□登记证书□保签单□其他			
是否为事故车	□否□是	损伤位置及损伤状况		
车辆主要技术缺陷描述				
总得分				
估价方法				
参考价值				
评估师（签章）				
评估师证号				
审核人（签章）				
二手车鉴定评估结论	评估单位名称（盖章）			

序号	车体骨架检查（17项）			
1	车体左右对称性			
2	左A柱	10	左前减振器悬架部位	
3	左B柱	11	右前减振器悬架部位	
4	左C柱	12	左后减振器悬架部位	
5	右A柱	13	左后减振器悬架部位	
6	右B柱	14	前围板部位	
7	右C柱	15	车底板部位	
8	左前纵梁	16	散热器框架部位（非拆卸式）	
9	右前纵梁	17	其他（只描述缺陷，不扣分）	
代表字母	BX	NQ	GH	SH	ZZ
缺陷描述	变形	扭曲	更换	烧焊	褶皱
车体骨架缺陷描述					
事故判定		□ 事故车	□ 正常车		

序号	车身外观检查（89项）	扣分	缺陷描述	序号	车身外观检查（89项）	扣分
18	车顶			63	左后车门铰链	
19	车顶密封条			64	右后车门铰链	
20	天窗			65	左前减振器支撑座	
21	左侧底大边		划痕　HH	66	右前减振器支撑座	
22	右侧底大边		变形　BX	67	左后减振器支撑座	
23	左A柱		锈蚀　XS	68	右后减振器支撑座	
24	右A柱		裂纹　LW	69	前风窗玻璃	
25	左B柱		凹陷　AX	70	后风窗玻璃	
26	右B柱		修复痕迹　XF	71	前风窗玻璃密封条	
27	左C柱			72	后风窗玻璃密封条	
28	右C柱			73	前刮水片	
29	左前翼子板		缺陷程度	74	后刮水片	
30	右前翼子板			75	前刮水器摆臂	
31	左后翼子板		1 — 面积 ≤ 100mm × 100mm;	76	后刮水器摆臂	
32	右后翼子板			77	前保险杠	
33	左前翼子板内衬			78	后保险杠	
34	右前翼子板内衬			79	车标	

213

（续）

序号	车身外观检查（89项）	扣分	缺陷描述	序号	车身外观检查（89项）	扣分
35	左后翼子板内衬		2—100mm×100mm＜面积≤200mm×300mm； 3—面积＞200mm×300mm； 4—轮胎花纹深度＜1.6mm	80	前机舱盖	
36	右后翼子板内衬			81	前机舱盖锁止开关	
37	左前车门			82	前机舱盖铰链	
38	右前车门			83	前机舱盖密封条	
39	左后车门			84	前机舱盖支撑杆	
40	右后车门			85	行李舱盖	
41	左前车窗玻璃			86	行李舱盖铰链	
42	右前车窗玻璃			87	行李舱密封条	
43	左后车窗玻璃			88	行李舱锁	
44	右后车窗玻璃			89	行李舱外拉手	
45	左前门锁			90	左后视镜	

序号	车身外观检查（89项）	扣分	缺陷描述	序号	车身外观检查（89项）	扣分
46	右前门锁		划痕　HH 变形　BX 锈蚀　XS 裂纹　LW 凹陷　AX 修复痕迹　XF 缺陷程度 1—面积≤100mm×100mm； 2—100mm×100mm＜面积≤200mm×300mm； 3—面积＞200mm×300mm； 4—轮胎花纹深度＜1.6mm	91	后视镜	
47	左后门锁			92	左前轮毂	
48	右后门锁			93	右前轮毂	
49	左前车门密封条			94	左后轮毂	
50	右前车门密封条			95	右后轮毂	
51	左后车门密封条			96	左前轮毂罩	
52	右后车门密封条			97	右前轮毂罩	
53	左前车窗玻璃密封条			98	左后轮毂罩	
54	右前车窗玻璃密封条			99	右后轮毂罩	
55	左后车窗玻璃密封条			100	左前轮胎	
56	右后车窗玻璃密封条			101	右前轮胎	
57	左前车门外拉手			102	左后轮胎	
58	右前车门外拉手			103	右后轮胎	
59	左后车门外拉手			104	备胎支架	
60	右后车门外拉手			105	充电接口及护盖	
61	左前车门铰链			106	其他（只描述缺陷，不扣分）	
62	右前车门铰链					
小计						

（续）

序号	电池系统外观检查（12项）			扣分
107	电池铭牌与出厂的基本数据一致	是	否	
108	无起火痕迹	是	否	
109	无腐蚀痕迹	是	否	
110	无浸水痕迹	是	否	
111	电池箱是原厂配件	是	否	
112	电池箱固定件无松动、破损	是	否	
113	电池冷却系统无渗漏、损坏	是	否	
114	电池系统插接件无异常（松动、脱落、变形、腐蚀）	是	否	
115	直流充电插座无异常（松动、脱落、变形、腐蚀）	是	否	
116	交流充电插座无异常（松动、脱落、变形、腐蚀）	是	否	
117	电池高低压线束及防护无破损腐蚀	是	否	
118	其他（只描述缺陷，不扣分）			
小计				
序号	电池系统综合性能评价（6项）			分值
119	电量（容量）可用状态（E_S/C_S）			
120	日均使用时间系数（$L1$）			
121	次均充电 SOC 系数（$L2$）			
122	快慢充比系数（$L3$）			
123	运行温度超过 10~45℃的频次占比（$L4$）			
124	电池系统综合性能评价值			
序号	电池系统质保评价（1项）			分值
125	电池质保评价 A			
小计				
序号	电机及控制器检查（10项）			扣分
126	铭牌字迹和内容清楚，与出厂的基本数据一致	是	否	
127	无起火痕迹	是	否	
128	无腐蚀痕迹	是	否	
129	无浸水痕迹	是	否	
130	电机和控制器表面无碰伤、划痕	是	否	
131	电机冷却系统无渗漏、损坏	是	否	

(续)

序号	电机及控制器检查（10项）			扣分
132	电机系统插接件无异常（松动、脱落、变形、腐蚀）	是	否	
133	电机系统高低压线束及防护无破损腐蚀	是	否	
134	铭牌字迹和内容清楚，与出厂的基本数据一致	是	否	
135	其他（只描述缺陷，不扣分）			
小计				

序号	驾驶舱检查（23项）			扣分
136	车内无水泡痕迹	是	否	
137	车内后视镜完整、无破损	是	否	
138	座椅完整、无破损	是	否	
139	座椅调节功能	是	否	
140	座椅加热和通风	是	否	
141	中控物理按钮	是	否	
142	中控显示屏及触控外观	是	否	
143	出风口无裂痕，配件无缺失	是	否	
144	车内整洁、无异味	是	否	
145	转向盘自由行程转角小于15°	是	否	
146	车顶及周边内饰无破损、松动及裂缝和污迹	是	否	
147	仪表板无划痕，配件无缺失	是	否	
148	排挡把手柄及护罩完好、无破损	是	否	
149	储物盒无裂痕，配件无缺失	是	否	
150	天窗移动灵活、关闭正常	是	否	
151	车窗密封条完整、功能正常	是	否	
152	安全带结构完整、功能正常	是	否	
153	驻车制动系统灵活有效	是	否	
154	玻璃窗升降器、车窗工作正常	是	否	
155	左、右后视镜折叠装置工作正常	是	否	
156	气囊完整、功能正常	是	否	
157	头枕完整、无破损	是	否	
158	其他（只描述缺陷，不扣分）			
小计				

（续）

序号	电控及仪表检查（12项）			扣分
159	车辆可正常上电（中控大屏和仪表点亮）	是	否	
160	仪表板指示灯显示正常，无故障报警	是	否	
161	各类灯光和调节功能正常	是	否	
162	泊车辅助系统工作正常	是	否	
163	制动防抱死系统（ABS）及各种扩展功能工作正常	是	否	
164	空调系统风量、方向调节、分区控制、自动控制、制冷工作正常	是	否	
165	车载摄像头能够正常识别并显示	是	否	
166	车载电话/音响系统可连接可工作	是	否	
167	车载智能系统（中控大屏）开启正常，无死机/黑屏等故障	是	否	
168	电机启动正常（需要使用举升机或将车轮架起）	是	否	
169	电机无异响，空档状态下逐渐增加电机转速，声音过渡无异响（需要使用举升机或将车轮架起）	是	否	
170	其他（只描述缺陷，不扣分）			
小计				

序号	路试检查（10项）			扣分
171	动力系统正常，无报警无故障	是	否	
172	加速、动能回收工作正常	是	否	
173	行车制动系最大制动效能在踏板全行程的4/5以内达到（装有自动调整间隙装置）	是	否	
174	行驶无跑偏	是	否	
175	制动系统工作正常有效、制动不跑偏	是	否	
176	行驶过程中车辆底盘部位无异响	是	否	
177	行驶过程中车辆转向部位无异响	是	否	
178	行驶过程中车辆电机部位无异响	是	否	
179	行驶过程中电池电量和剩余里程正常递减无异常	是	否	
180	其他（只描述缺陷，不扣分）			
小计				

序号	底盘检查（16项）			扣分
181	转向节臂球销无松动	是	否	
182	三角臂球销无松动	是	否	
183	传动轴防尘套无渗漏、无破损	是	否	

（续）

序号	底盘检查（16项）			扣分
184	转向机构无损坏	是	否	
185	万向节球笼无损坏	是	否	
186	减振器无渗漏、无损坏	是	否	
187	减振弹簧无破损	是	否	
188	上摆臂无损坏	是	否	
189	下摆臂无损坏	是	否	
序号	底盘检查（16项）			扣分
190	后桥缓冲胶套、防尘套无破损	是	否	
191	制动盘无破损，无异常磨损	是	否	
192	制动片无破损，无异常磨损，厚度符合要求	是	否	
193	制动油管路无破损、无渗漏	是	否	
194	制动鼓无破损，无异常磨损	是	否	
195	电池箱外防护装置无变形	是	否	
196	其他（只描述缺陷，不扣分）			
小计				
序号	功能性零部件检查（14项）			扣分
197	备胎	是	否	
198	千斤顶	是	否	
199	轮胎扳手及随车工具	是	否	
200	三角警示牌	是	否	
201	灭火器	是	否	
202	充电线缆或便携式随车充电器	是	否	
203	反光背心	是	否	
204	机械式钥匙	是	否	
205	遥控钥匙	是	否	
206	行李舱隔板	是	否	
207	汽车空调效果	是	否	
208	汽车音响品质	是	否	
209	制动液含水量	是	否	
210	冷却液冰点	是	否	
小计				

附录 B　新能源纯电动二手车技术状况表（示范文本）

车辆基本信息	品牌型号		号牌号码	
	电机号		VIN 码	
	注册日期	年　　月　　日	发证日期	年　　月　　日
	总质量/座位		表显里程	万 km
	车辆类型	□国产□进口	车身颜色	
	年检证明	□有（至　年　月）□无	购置税证书	□有□无
	车船税证明	□有（至　年　月）□无	交强险	□有（至　年　月）□无
	使用性质	□营运用车　□出租车□公务用车□家庭用车□其他		
	车辆生产厂家			
	其他法定、凭证、证明	□机动车号牌□机动车行驶证□机动车登记证书□第三者强制保险单 □其他		
	车主名称/姓名		企业法人证书代码/身份证号码	
重要配置	系统额定电量		剩余最大电量（%）	
	电池系统品牌		电机功率	
	安全气囊		ABS	□有□无
	助力转向		ESP	□有□无
	其他重要配置			
是否为事故车	□是□否	损伤位置及损伤状况		

（续）

鉴定结果	分值		技术状况等级	
车辆技术状况鉴定缺陷描述	鉴定科目	鉴定结果（得分）	缺陷描述	
	车身外观检查			
	电池系统检查			
	电机及控制器检查			
	驾驶舱检查			
	电控及仪表检查			
	路试检查			
	底盘检查			
	功能性零部件检查			

声明：

本新能源二手车技术状况表所体现的鉴定结果仅为鉴定日期当日被鉴定车辆的技术状况表现与描述，若在当日内被鉴定车辆的市场价值或因交通事故等原因导致车辆的价值发生变化，对车辆鉴定结果产生明显影响时，本技术状况鉴定说明书不作为参考依据。

说明：

本新能源二手车技术状况表由二手车经销企业、拍卖企业、经纪企业使用，作为新能源二手车交易合同的附件。车辆展卖期间，放置在驾驶室前风窗玻璃左下方，供消费者参阅。

新能源二手车（纯电动）鉴定评估师：

鉴定单位：（盖章）

鉴定日期：　　年　　月　　日

参考文献

[1] 林绪东.二手车鉴定评估彩色图解教程[M].2版.北京：机械工业出版社，2024.
[2] 马其华，黄修鲁.二手车鉴定评估与交易[M].北京：机械工业出版社，2022.
[3] 中国汽车流通协会.二手车鉴定评估基础与入门[M].北京：机械工业出版社，2021.